Q&A
土砂災害と土地評価

警戒区域・特別警戒区域の減価率の算定法

不動産鑑定士
内藤武美

はじめに

　下の写真は，石川県白山市白峰の手取川にある百万貫岩（県の天然記念物）です。ここでは，毎年10月上旬に百万貫の岩まつりが開催されています。

　手取川は，716年，1783年，1896年，1914年，1934年，1961年等に大洪水が記録されています。なかでも1934年7月，水源山地に例年にない残雪のあったところへ，気温の上昇と豪雨があり，流域全体で歴史に残る大災害（流出家屋172戸，浸水家屋586戸，死者・行方不明者112名等）となりました（日本砂防史）。

　この岩は，文献（手取川の地形）によると，土石流によって宮谷川に

あった昔の位置から今の位置まで約3kmを流れて来たと考えられています（下図参照）。このときに発生した土石流の一つは，今の百万貫岩の上流約4.8kmにあった市ノ瀬集落（現市ノ瀬野営場付近）と白山温泉を襲い，死者・行方不明者が50人以上に達しました。川床が，市ノ瀬では12m，赤岩では7m，風嵐では7mも上昇したそうです。

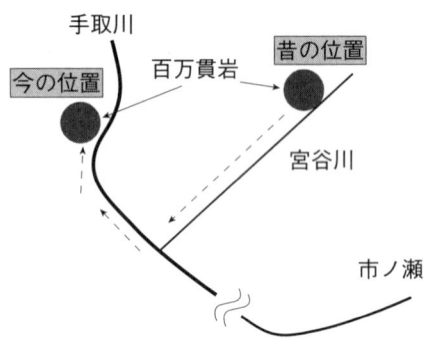

　同文献によると，この岩は，1995年に最新の測量機器とコンピュータを用いて測定した結果，体積1,890㎥，重量4,839トン（約129万貫）であることが判明しました。現地案内板には，「地下に埋まっている部分は約29万貫，地上に出ている部分は約100万貫，高さ16m（5階建てビルの高さ相当），幅19m（最大）」と記されていました。実際，岩の前に逆目盛検測桿（かん）（8m用）の棒を置いて高さを測ったところ，8mをはるかに超えていました。土石流の計り知れない威力を示していると思われます。

　ところで，筆者は，仕事柄，「土砂災害警戒区域等における土砂災害防止対策の推進に関する法律」（以下，土砂法という）の土砂災害警戒区域（以下，警戒区域という）および土砂災害特別警戒区域（以下，特別警戒区域という）に係る土地評価および調査を数多く経験してきました。また，過去に土砂災害に関する論文を複数発表してきました。

　本書は，筆者が土砂法についてよく質問される項目や疑問に思った項

目を，土地評価の観点から Q&A の形にまとめものです。この本が多くの読者の方々のご参考になれば幸いです。

2015 年 3 月 20 日

内 藤 武 美

<引用・参考文献>
○社団法人全国治水砂防協会「日本砂防史」p.678，1981 年 6 月
○石川県白山自然保護センター「白山自然誌 18　手取川の地形」（百万貫岩・市ノ瀬の昭和 9 年土石流段丘）1998 年 3 月
<参考サイト>
○白山砂防 :http://www.hrr.mlit.go.jp/kanazawa/hakusansabo/03history/saigai02.html

●目　次●

- Q-1　土石流が起きやすい箇所 ────── ・1
- Q-2　土石流型の警戒区域・特別警戒区域の指定範囲 ────── ・5
- Q-3　土石流型の警戒区域・特別警戒区域の指定例 ────── ・9
- Q-4　急傾斜地型の警戒区域・特別警戒区域の指定範囲 ────── ・14
- Q-5　擁壁があるのに警戒区域・特別警戒区域に指定される理由（1） ────── ・19
- Q-6　擁壁があるのに警戒区域・特別警戒区域に指定される理由（2） ────── ・25
- Q-7　地すべり型の警戒区域・特別警戒区域の指定範囲 ────── ・32
- Q-8　地すべり型の警戒区域の指定例 ────── ・38
- Q-9　土石流の直進性・高速化・回数 ────── ・41
- Q-10　土石流型の警戒区域の危険性 ────── ・46
- Q-11　土石流災害があった場所周辺の地価の動向 ────── ・54
- Q-12　特別警戒区域内の建物の構造規制 ────── ・57
- Q-13　警戒区域の減価率 ────── ・61
- Q-14　面積割合による特別警戒区域の減価率 ────── ・68
- Q-15　一律割合による特別警戒区域の減価率 ────── ・74

- Q-16 警戒区域と特別警戒区域における減価 ・82
- Q-17 特別警戒区域と他の要因による減価の併用と均衡 ・91
- Q-18 特別警戒区域で考慮される地目 ・97
- Q-19 特別警戒区域の影響を路線価に反映 ・102
- Q-20 警戒区域の指定による危険性の急浮上の是非 ・107
- Q-21 警戒区域・特別警戒区域の指定の解除と土地の評価 ・111
- Q-22 砂防指定地との関連 ・117
- Q-23 急傾斜地崩壊危険区域との関連 ・120
- Q-24 宅地造成工事規制区域との関連 ・126
- Q-25 地すべり防止区域との関連 ・130
- Q-26 がけ条例との関連 ・134
- Q-27 土砂災害危険箇所との関連 ・140
- Q-28 浸水想定区域との関連 ・145
- Q-29 がけ地やため池の価値 ・148
- Q-30 がけ地近接等危険住宅移転補助事業との関連 ・153
- Q-31 避難体制の整備 ・158
- Q-32 がけ崩れに関する統計資料 ・162
- Q-33 がけ地に関する裁判例 ・167
- Q-34 ため池の近くにある住宅地の危険性 ・174
- Q-35 高台は川や沢よりも安全か? ・177

- Q-36 警戒区域・特別警戒区域の調査にあたっての留意事項 ———— ・181

- Q-37 土砂法が意図する多重的な規制 ———— ・187

おわりに ———— ・191

○ **最近の森林整備事業〜知っていますか？** ———— ・53

○ **七尋石** ———— ・100

○ **湿　気** ———— ・156

● **土砂災害警戒区域等における土砂災害防止対策の推進に関する法律**
（平成 12 年 5 月 8 日法律第 57 号・最終改正：平成 26 年 11 月 19 日法律第 109 号）
———— ・195

▶ 全国における土砂災害警戒区域等の指定状況（国土交通省・2014 年 12 月 31 日現在）
———— ・210

《索　引》 ———— ・211

Q-1 土石流が起きやすい箇所

土石流が起きやすい箇所を具体的に教えてください。

 土石流が起きやすいのは，過去に土石流が発生した箇所や，谷地形を有している箇所が挙げられます。

(1) 過去に土石流災害が発生した箇所

　土石流は継続性がありますから，過去（江戸時代も含めて）に土石流が発生した箇所は再び起きる可能性が非常に高いといえます。

　土石流が起きた箇所を訪ねてみますと，動かすのに費用がかかるからでしょうか，大きな石（例：飯田市三尋石・1961年災害）がそのまま置いてあるのが目につきます。畑の隅に置きっ放しになっていたり，敷地の土留めや庭石に使われたりしています。

　土石流が起きる間隔は100年単位*1が多いようですが，30年，50年の間隔で起きている沢や川もあります。

　過去の災害事例によると，山口県防府市石原地区の3渓流は約60年前，約100年前，約200年前*2に土石流が起きています。また，福岡県太宰府市太宰府原川は30年間*3で土石流が再現しています。

　長野県小谷村の浦川（姫川支流）では，1726年～1965年の間に本川の姫川をせき止める規模の大土石流が9回発生*4しています。この川は，小規模なものを含めれば1年間に約30回も土石流が起きた年もあります。

---

*1 土質工学会「土砂災害の予知と対策」p.252
*2 羽田野袈裟義・朝位孝二・種浦圭輔・兵動正幸・山本晴彦・鈴木素之「2009年7月中国・九州北部の豪雨による土砂災害発生の報告」（山口大学）
*3 今村俊文（那珂支部）「太宰府原川砂防事業～土石流災害からの復興にむけて～」
*4 山崎直方「姫川支流浦川における土石流の歴史」

そのため，前回の災害から数十年が経過している場所は注意が必要です。

(2) 1字谷を有している地形

等高線群の間口(a)が奥行(b)より長い場合を0字谷，間口より奥行が長い場合を1字谷といいます(図1)。つまり，川底が深く谷地形になっている箇所をいい，周囲から水が集まりやすいのが1字谷です。

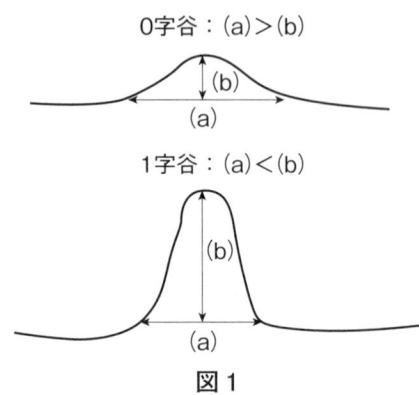

図1

ただし，現地では谷が深くないと1字谷かどうかがよくわからないことが多いと思われますが，国土地理院の地形図（1/25,000・サイトで公開）で確認できます。

また，谷や尾根の見分け方（地すべり地帯を除く）は，標高の高いほうから見て，等高線が「V」の形になるのが谷，標高の低いほうから見て，等高線が「U」の形になるのが尾根（地形図を読む技術）と覚えるのがいいでしょう。

1字谷になっていると土砂災害が起きやすく，土砂災害危険箇所たる土石流危険渓流や土砂法の警戒区域・特別警戒区域に指定されます。

図2は，(A)>(B)は0字谷，(a)<(b)は1字谷となっていますが，この場合も1字谷となります。このような谷は水が流れていなかったり，土の下に潜ったりしますので，外観からはわかりにくいことがあります。

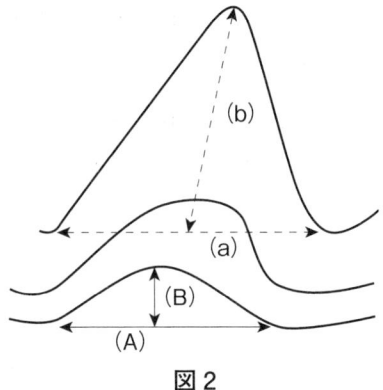

図2

　実際，土石流が起きた箇所（例：山口県防府市自由ヶ丘1）は図2のような地形で，災害時に警戒区域・特別警戒区域の指定はありませんでしたが，災害後，警戒区域に追加指定となった例[*5]があります。

　谷になっていますと，普段は水の流れていない沢でも土石流を引き起こす可能性があります。岐阜県八百津町野上および横ケ洞川の被災箇所（2010年）は，普段は水の流れはありませんでしたが，降雨時に水が集まりやすい地形（涸谷）を有していました。

　愛媛県双海町で起きた土石流（1998年）の原因たる西満野川は，普段は水の流れのない谷でしたし，同県松山市高野町でみかん畑を襲ったのも同様の谷（2001年）でした。

　また，幅の狭い水路や沢でも土石流を起こします。2006年・長野県岡谷市湊地区で発生した土石流災害では幅1.2m程度の水路でした。

　土石流を引き起こす土砂がたい積する期間が必要となりますから，土石流は水害のように頻繁には起きにくいようです。

　過去の例では，1字谷から発生した土石流が圧倒的に多いのですが，0字谷でも土石流は発生します。

[*5] 土石流災害対策検討委員会「土石流災害対策検討委員会報告書」山口県，2010年1月

たとえば，2010年7月・広島県呉市，2012年7月・熊本県阿蘇地域，2014年8月・兵庫県丹波市などでは，0字谷で土石流が発生して大きな被害になっています。特に2013年・伊豆大島では，0字谷（八重沢・八重南沢・大宮沢）の沢抜けによる崩壊が多発しました。

<引用・参考文献>
○山岡光治「地形図を読む技術」p.14, サイエンス・アイ新書
○7.15岐阜県豪雨災害検証委員会「7.15豪雨災害検証報告書」2010年9月21日
○岩手県県土整備部砂防災害課「土砂災害防止に関する基礎調査マニュアル（案）（共通編）」共-23, 2013年4月
○(株)米北測量設計事務所「平成10年10月17日台風10号による土石流災害に関する調査」「愛媛県の土石流危険渓流の諸特性値による流出土砂量の算定」pp.86～93
○松山市「まつやま防災マップ」（土砂災害から身を守るには）
○神戸新聞NEXT.2014.9.6「8月豪雨丹羽の土砂崩れ，浅い谷でも4割が警戒区域外」
○伊豆大島土砂災害対策検討委員会「伊豆大島土砂災害対策検討委員会報告書」p.34, 2014年3月

Q-2 土石流型の警戒区域・特別警戒区域の指定範囲

土石流型の警戒区域・特別警戒区域の指定範囲には，どういうものがあるかを具体的に挙げてください。

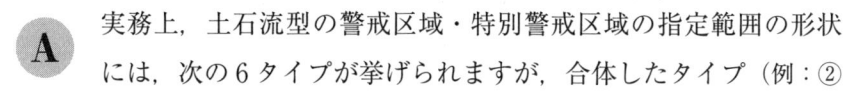

A 実務上，土石流型の警戒区域・特別警戒区域の指定範囲の形状には，次の6タイプが挙げられますが，合体したタイプ（例：②と③）もみられます（ただし，①と④は類似しており，筆者の経験から分類したにすぎないことをご了承ください）。

① **全国的に一番よくみられるタイプ**

扇状に警戒区域が広がり，谷の出口付近に特別警戒区域が指定されています。

警戒区域にかかる住宅は多いのですが，特別警戒区域にかかる住宅は非常に少ないのが特徴です。

② **特別警戒区域が帯状に長いタイプ**

沢や渓流が川，湖に流れ込む斜面，スキー場，開拓地などに見られます。

沢や渓流沿いに警戒区域・特別警戒区域にかかる住宅は多くなります。

このタイプは，土石流の規模が大きくなるため，特別警戒区域が帯状になります。

2004年7月・福井県美山町で足羽川に流れ込む蔵作川で，また2006年・長野県岡谷市の諏訪湖に流れ込む小田井沢で，このタイプの土石流が起きました。美山町と岡谷市では，その後，えん堤がつくられ，特別警戒区域の指定が解除されています。

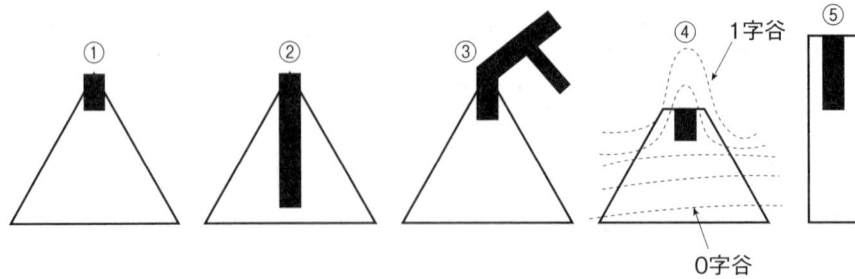

(黒塗りつぶし:特別警戒区域,三角形枠および四角形枠:警戒区域)

図3

③ 谷,沢および川が山奥深くにある場合で,流れ込む支流が合流するタイプ

　警戒区域にかかる住宅は多いのですが,特別警戒区域にかかる住宅は少ないことが特徴といえます。

　ただし,土石流が起きれば大きな災害になることが多いタイプでしょう。たとえば,1999年・広島市安佐北区亀山9丁目,2014年7月・長野県南木曽町読書(特別警戒区域なし),2006年・長野県岡谷市小田井沢で起きた土石流は二つの川や沢が合流するタイプでした。

④ 斜面が低い所では0字谷だが,高くなると1字谷になるタイプ

　このタイプは,沢や渓流が地中に潜ったり,流路がはっきりしなかったり,水の流れがなかったりすることがあります。

　このタイプの土石流が起きた例として,岐阜県八百津町では,土石流の規模は幅約30m,延長約150mと小型でしたが,大災害(死者3名)となりました。

　また,2014年8月に発生した広島市の八木ヶ丘団地(死者9名・負傷者4名),郵政阿武の里団地(死者4名)でも大災害になっています。

⑤ 川や沢の傾斜が急で川底が深いタイプ

　川底が深いため,土石流は扇状に広がりにくく,川および沿岸付近を直線的に進む傾向があります。山間部の谷が長く続く場合,特別警戒区

域が帯状に長くなります。

　1978年5月・新潟県妙高高原町（現在：妙高市）の白田切川で起きた土石流はこのタイプで，川沿岸の新赤倉温泉街を襲い大惨事（死者13名・全半壊18戸）になりました。川の傾斜が急であり，融雪水を伴った土石流は，3基の砂防ダムを乗り越えるほどの威力がありました。

⑥　川本来の流路ではなく，旧流路や直線的に特別警戒区域が設定されるタイプ

　本来，沢や川の流路が直線でしたが，人為的もしくは過去の土石流によって土砂が貯まって流れを変えられることがあります。この場合，土石流の直進性が考慮され，特別警戒区域は現流路ではなく，図4のように旧流路沿いや直線的に設定されます。2009年・山口県防府市石原地区では，被災前の流路と異なる方向に土石流が流下したため，流木や巨石（径2m～3m）が人家を破壊しました。

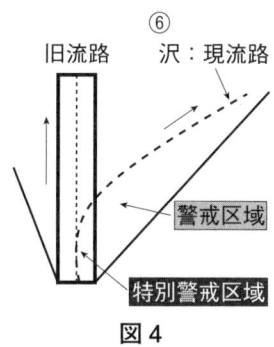

図4

　土石流は障害物があると流れを変えたり，分かれたりします。実際，2006年・長野県岡谷市の小田井沢は，森があったため2方向に分かれ，志平川は3方向に分かれました。その結果，両川とも広範囲に床上・床下浸水の被害が発生しました。

＜引用・参考文献＞
○福岡捷二・渡邊明英（広島大学工学部）「都市化域での豪雨災害−広島の土砂災害から学ぶ−」(4. 広島土砂災害の被災地の実態)
○吉住安夫「昭和53年5月妙高高原土石流災害」砂防学会誌 Vol.51,No.4, pp.51〜55，1998年
○山口県土石流災害対策検討委員会「土石流災害対策検討委員会報告書」p.77，2010年1月
○平成22年9月21日 7.15豪雨災害検証委員会「7.15豪雨災害検証報告書」p.16，岐阜県
○国土交通省砂防部「最近発生した土砂災害の特徴と課題」＜土砂災害防止法の検証＞資料2
○国土交通省砂防部「長野県木曽郡南木曽町読書で発生した土石流災害」2014年7月18日時点
○長野県岡谷市「忘れまじ豪雨災害」(平成18年7月豪雨災害の記録ダイジェスト版)
○公益社団法人土木学会・土木学会中国支部，公益社団法人地盤工学会「平成26年広島豪雨災害合同緊急調査団調査報告書」p.98，p.106，2014年10月

Q-3 土石流型の警戒区域・特別警戒区域の指定例

土石流型の警戒区域・特別警戒区域の具体的な指定例を教えてください。

A 写真1は，Q-2の①タイプの住宅地域を写したものです。

土石流型の警戒区域は，勾配2度まで指定されますので，このように非常に緩やかな斜面でも指定されます。ここでは広大な範囲が警戒区域に指定されています。

写真1

写真2は，Q-2の②タイプ，図5は図解したものを示します。

小河川（幅4m弱）が大河川（幅40m弱）へ合流していて，小河川の両側に家が建ち並んでいます。小河川の上流（330m〜400m）にはえん堤が2基（幅約24m・約30m）整備されていますが，特別警戒区域は小

写真2

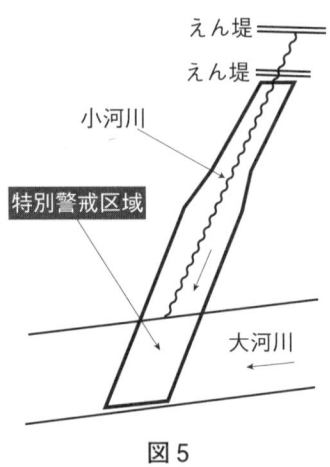

図5

河川を中心に両側それぞれ約20mの範囲が帯状（長さ約370m）におよんでいます。

Q-3 土石流型の警戒区域・特別警戒区域の指定例　11

写真3は，**Q-2**の②および⑥タイプ，図6は図解したものを示します。

写真3

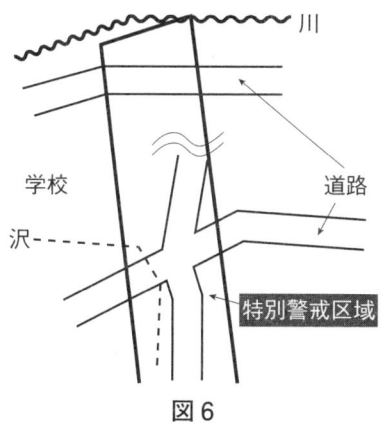

図6

　道路脇の沢沿いに特別警戒区域が指定されていますが，特別警戒区域の範囲（横幅約60 m）は遠方にある川の合流地点まで帯状に及んでいます。ただし，この沢は道路でほぼ直角に折れ曲がって流れています。

写真4は，Q-2の④および②タイプです。

写真4

　斜面から特別警戒区域が住宅にかかるように帯状に設定されています。道路付近はなだらかな斜面ですが，登るにつれて傾斜が急になります。
　現地では，木々が生い茂っているため，斜面の上から土石流がくるようには見えませんでした。
　写真5は，Q-2の⑤タイプです。
　川幅が広く深いので，川沿いが警戒区域に指定されています。
　左に見える建物は警戒区域には指定されていません。川幅が広く深いので，土石流が発生しても堤防の外まで押し寄せないとの予測なのでしょう。

Q-3 土石流型の警戒区域・特別警戒区域の指定例 13

写真 5

Q-4 急傾斜地型の警戒区域・特別警戒区域の指定範囲

急傾斜地型の警戒区域・特別警戒区域の指定範囲を具体的に教えてください。

急傾斜地型の警戒区域・特別警戒区域の指定範囲の形状には，次の4タイプがあります（図7）。

① 斜面が長い場合に特別警戒区域が広くなりやすいタイプ
　長大斜面と呼ばれる長いがけに多く見られます。

② 斜面の高低差がそれほどなく，斜度が急傾斜の場合にでやすいタイプ
　台地のがけや斜面を開発した分譲団地の中ほどに見られます。

③ 斜面を一部造成した場合にでやすいタイプ
　非常に少ないタイプで，斜面の一部を造成したり，対策施設を設置したりした場合に生じます。

④ 山の斜面が屈折する所や造成によって切土した斜面にでやすいタイプ
　山の斜面が複雑な場合に見られます。

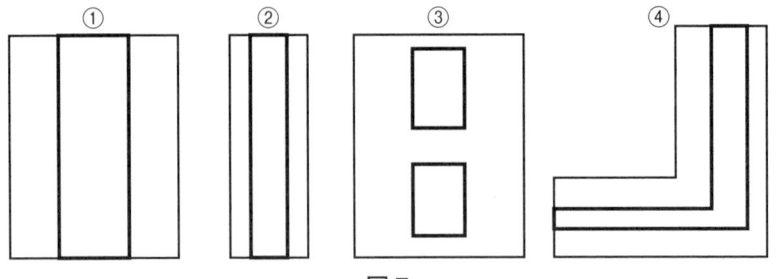
図7

特別警戒区域は斜面の上端より5m下方の点から指定されますので，がけ上には設定されません。それと異なり，警戒区域は斜面の上端より10m以内が指定されますので，がけ上にも設定されます。横から見ると図8のようになります。

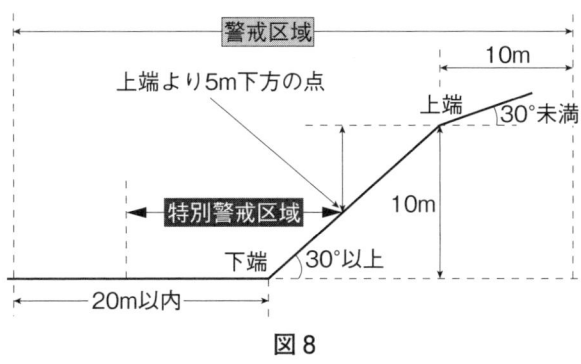

図8

図9は，急傾斜した斜面の一部を切土して宅地(A)にした例です。斜面が崩壊した場合，土砂は切土してできた(A)だけでなく，道路と反対側の(B)にまで達することが十分考えられます。そのため，特別警戒区域が(B)の一部にまでかかることが多いと思われます。

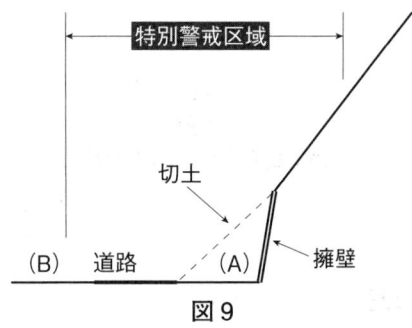

図9

図10は，がけ上が警戒区域に指定された例です。がけ上は特別警戒区域が指定されませんので，建築制限はがけ地条例（例：2h）の規定によります。がけ地条例では，30度以上の斜面は崩れやすいため，基礎

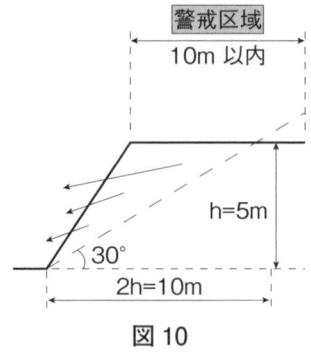

図 10

を深くしたり，基礎杭を打ったりなどの制限があります。

　雪国で屋根を自然落下タイプ（雪止めなし）にする場合，屋根の角度を 30 度（6 寸勾配）以上にします。30 度以上は雪が落ちやすいようですので，土と非常に似ています。

　図 11 は，山の斜面を切り開き，造成分譲した住宅団地を示しています。住宅団地の上部は切土した結果，がけになりますので，急傾斜地型の警戒区域・特別警戒区域が指定されていますが，土石流型の警戒区域・特別警戒区域にも指定されています。こうした住宅団地は地形上，複数の警戒区域・特別警戒区域に指定されやすい傾向があります。

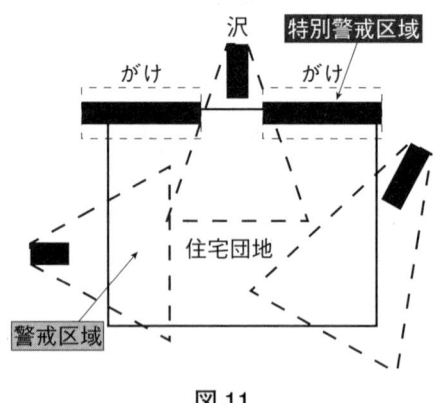

図 11

1999年に広島市佐伯区観音台や，2014年8月に同市安佐南区で起きた土石流は住宅団地の上部を襲いましたが，このような地形をしていました。2012年に観音台を訪れたときは，小さい沢を樹木が全面的に覆っていましたので，土石流を引き起こす渓流にはほとんど見えませんでした。

図12のように，斜面は地層によって受け盤と流れ盤を形成しています。流れ盤は地層の傾斜と斜面の傾斜が同じ方向で，受け盤は逆の方向を指します。2011年に奈良県で発生した深層崩壊（紀伊半島大水害）は流れ盤の斜面で多く（72%）発生しました。ただ，受け盤でも少し（6%）発生していますので，絶対安全ともいえないようです。

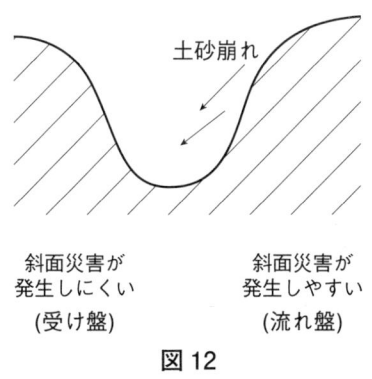

図12

一般に，土砂崩れが多い流れ盤斜面は受け盤斜面より不安定になるほか，流れ盤斜面より受け盤斜面が急傾斜で，谷は深く，谷密度が大きくなります（長野県）。しかし，専門家でないと，斜面が流れ盤か受け盤かがよくわからないことが多いので，崩れやすい斜面，あるいは過去に崩れた斜面には注意が必要でしょう。

＜引用・参考文献＞
〇奈良県「2.平成23年紀伊半島大水害で発生した深層崩壊」p.19，資料1-②
〇長野県「STEP-2-2 現地に適合した路網配置」（流れ盤と受け盤）長野県林内路網整備指針29
〇土木学会平成23年台風12号土砂災害現地調査団「土木学会平成23年台風12号土砂災害調査報告書」p.17（図5-1-2-2 流れ盤と受け盤の図と特徴）
〇佐々恭二・小林芳正ほか「平成11年6月広島豪雨災害緊急調査団現地調査結果（速報）」

Q-5 擁壁があるのに警戒区域・特別警戒区域に指定される理由（1）

自宅の裏にあるがけには，高さ 1.7m 程度の間知石積擁壁がありますが，警戒区域・特別警戒区域に指定されています。擁壁があれば安全なのに，どうして指定されるのですか？

 斜面下に擁壁があっても，中・上部斜面に安定性がない場合は，特別警戒区域に指定されます。

（1） 斜面の崩落

擁壁が斜面の下部にのみ設置されている箇所をよく見かけます（図 13 参照）。擁壁より上部は木や竹が生い茂っていて，斜面が安定していなかったり，対策工事がされていなかったりする場合，特別警戒区域に指定されることがあります。擁壁より上部は対策施設が不十分で，斜面中・上部からの土砂崩れを防ぎきれません。

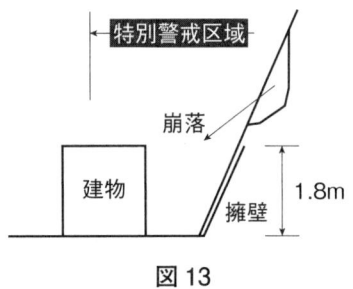

図 13

がけ崩れの統計資料（Q-32 参照）によると，がけ崩れの斜面上の位置は，上部 46.3％・中部 34.4％・下部 19.3％と，上・中部で全体の約 80％を占めていますから，高さ 1.7m の擁壁では，がけの中・上部からの崩落対策にはなっていません。

また，文献[*1]によると，新潟県中越沖地震で被災した宅地擁壁の高さは2m未満のものが多く，コンクリート系擁壁（建築ブロック等）で61％，空石積造擁壁で67％を占めていました。

建築基準法上，2m以下の擁壁は，構造計算が義務づけられていないこともあって絶対に安全とは限りません。

(2) 建物の1階に被害が集中

建物の1階でがけ崩れの被害に遭うことが多いようです。

1993年のがけ崩れ災害[*2]で亡くなった方（全132人）の割合は，木造1階60％，木造2階4％，木造不明23％，鉄筋1階1％，鉄筋2階12％と，木造1階の割合が突出していました。

筆者の親戚の住宅（京都府舞鶴市）も，家裏の土砂崩れに遭い，1階居室（がけ下から4m〜5m）に土砂が流れ込みましたが，幸い人的被害はありませんでした。今では，がけの上部まで対策施設が施されています。

(3) 特別警戒区域の指定

以前，高さ5mほどのコンクリートブロック造（谷積み）の擁壁がされている箇所（図14参照）がありました。擁壁上部は未造成で木が何本か生えていましたが，ここも特別警戒区域に指定されていました。擁壁の高さが5mあれば，対策施設として十分というわけではありません。擁壁の高さよりも斜面上部から土砂崩れが起きるかどうかが重要でしょう。

[*1] 橋本隆雄・宮島昌克「2007年新潟県中越沖地震における宅地被害分析と今後の宅地対策」p.2, p.4, 第30回土木学会地震工学研究発表会論文集
[*2] 瀬尾克美・寺田英樹・近内剛「がけ崩れ災害に関する考察－平成5年の災害状況を中心として－」p.12

Q-5 擁壁があるのに警戒区域・特別警戒区域に指定される理由（1） 21

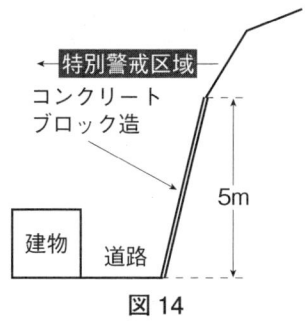

図 14

ただ，対策施設とはみなされない擁壁であっても，ないよりは危険性が小さいと思われます。

図 15 は，山の斜面下に落石防止フェンス付待受け擁壁を設置した例ですが，擁壁の高さがない，擁壁と斜面との間のポケットと呼ばれる場所（土砂や土石を貯める場所）の容量不足などの理由により，対策施設としては不十分とみなされる場合は，特別警戒区域に指定されます。

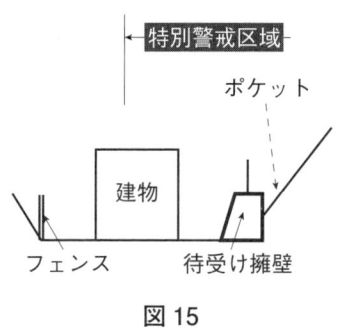

図 15

図 16 は，山の斜面を切土して重力式コンクリート擁壁（平均高さ 4.5m，天端幅 30cm，底版 1.3m）を設置した例です。

この擁壁は，土地所有者が建築確認を受けて設置したものですが，擁壁上部に排水溝がないほか，表面に亀裂がみられるなど老朽化が進んでいる状態です。擁壁上部からのがけ崩れ対策がされていないため特別警戒区域に指定されています。

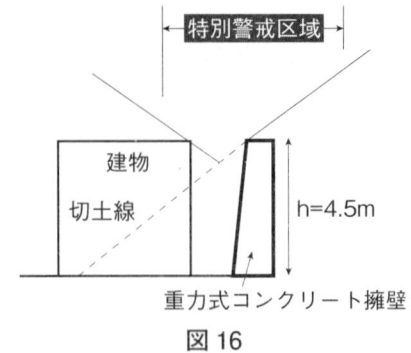
図16

　2004年・新潟県中越地震*3で，長岡市高町団地下にあった高さ5m程度の重力式コンクリート擁壁が長距離移動（滑動）したほか，鉄道敷の盛土に設置した重力式擁壁が崩壊しました。

　また，2007年・新潟県中越沖地震*4で被災したコンクリート系擁壁(49％)のうち重力式が11％占めました。重力式とはいえ，移動や崩壊の可能性があるようです。

　土地の評価にあたっては，擁壁の改修・再設置費用を見積り，全額もしくは複利現価率で割り戻した金額の控除を検討する必要があります。

　建物が近接している場合，擁壁の改修にあたって重機の入る作業スペースがないと，建物の一部を取り壊す必要もあります。

　図17は，小段を有する斜面で，下段に擁壁があり，上段に擁壁がないケースです。

　このケースも，上段と下段が一連のがけとみなされますので，上段に安定した対策施設がないと，特別警戒区域に指定されます。

---

*3 東京理科大学土木工学科・龍岡文夫「2004年10月新潟県中越地震　地盤・土構造物の被害」
*4 橋本隆雄・宮島昌克「2007年新潟県中越沖地震における宅地被害分析と今後の宅地対策」p.2, p.4, 第30回土木学会地震工学研究発表会論文集

Q-5 擁壁があるのに警戒区域・特別警戒区域に指定される理由（1） 23

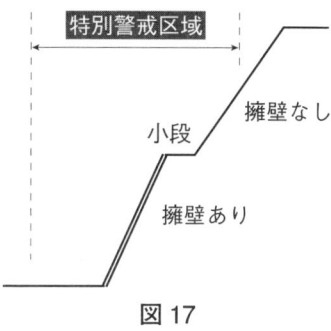

図 17

(4) 斜面崩壊現場

　写真6は，がけ崩れ現場（県道斜面）のようすです。斜面下部の石積擁壁が一部崩落したほか，中・上部でも崩落が起きています。
　土のうが数多く積み上げられていますが，擁壁工事の改修は道路の通行止め，大型車両の搬入等を伴うたいへんな工事になります。

写真6

＜引用・参考文献＞
○社団法人地盤工学会・新潟県中越沖地震災害調査委員会「新潟県中越沖地震災害調査委員会報告書」2007年5月

Q-6 擁壁があるのに警戒区域・特別警戒区域に指定される理由（2）

擁壁が設置されているのに警戒区域・特別警戒区域に指定される理由を教えてください。

A 写真7は，切土して重力式コンクリート擁壁を設置した例（高さ4m〜5m）ですが，擁壁下より，特別警戒区域は約5m〜9mまで，警戒区域は50m弱までが指定されています。擁壁上には樹木や雑草が生えていて奥深い山林になっています。

写真7

写真8は，斜面を切土してつくった分譲住宅地域にあるコンクリート土留工です。

ここは，旧住宅地造成事業に関する法律に基づき開発許可を受けて造成された住宅地域です。高さ約9mのコンクリート土留工(小段有)が設

写真 8

置されていますが，擁壁下より，特別警戒区域は約 11m まで，警戒区域は約 38m までが指定されています。この場合も，擁壁上の斜面崩壊の危険性があるためと判断されていますが，ほかの斜面に比べ法面の安定性から危険性は小さいと思われます。

　なお，斜面を開発してつくった住宅団地（古い時期を除く）の場合，急傾斜地崩壊危険区域は指定されないのが通常です。

　写真 9 は，コンクリート土留工（もたれ擁壁）の上に鉄骨の防護柵を設置している例（治山事業。1999 年設置）です。

　高さは約 6.7 m ありますが，擁壁下より，特別警戒区域は約 15m まで，警戒区域は約 50m までが指定されています。ここは，標高差が 55m 〜 65m もある長大斜面のためか，中・上部からの崩落対策になっていないようです。

　写真 10 は，道路沿いに高さ 13m 〜 14m はあろうかという擁壁工が設置されていますが，擁壁下より，特別警戒区域は約 9 m まで，警戒区域は約 47m までが指定されています。これも長大斜面のためか，対

Q-6 擁壁があるのに警戒区域・特別警戒区域に指定される理由（2） 27

写真9

写真10

策施設になっていないようです。

　ただ，長大斜面すべてに擁壁や法枠工が必要なわけではありません。擁壁上・中部の斜面が緩傾斜であったり，崩壊がなく斜面が安定（地

質堅固・地下水なし等）していたりすれば，上・中部に擁壁や法枠工がなくても特別警戒区域は指定されません。

　写真11は，山の斜面を開発してつくった郊外の住宅団地（開発行為あり）です。

写真11

　斜面には間知ブロック造擁壁に防護柵（高さ約3.2m～7m）が設定されていますが，擁壁下より，特別警戒区域は約13m前後まで，警戒区域は約50mまでが指定されています。この斜面は約100m（推測）あります。擁壁の一番高い所（7m）の敷地出入口付近は，土石の堆積が高さ3mを超える区域になっていますから，建物の構造強化をする場合は，3m超の防護柵が必要かもしれません。

　ここも斜面を開発してつくった住宅団地ですので，急傾斜地崩壊危険区域には指定されていません。

　写真12は，斜面全体にコンクリート擁壁が設置されています。

　そのため，特別警戒区域の指定はなく，警戒区域の指定にとどまって

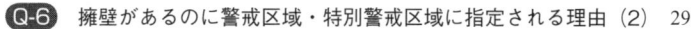

Q-6 擁壁があるのに警戒区域・特別警戒区域に指定される理由（2） 29

写真 12

写真 13

います。警戒区域は，がけ下より約 27m 前後，がけ上より約 10m に及んでいます。ちなみに，ここは急傾斜地崩壊危険区域に指定されていま

す。

　写真13は，斜面下部に擁壁（高さ2m前後）がありますが，中・上部にないケースで，がけ上には道路や水田地帯，がけ下には工業団地が広がっています。

　木や雑草が繁茂していて，斜面がどうなっているのかよくわからない状況です。

　がけ下より，特別警戒区域は約4m～6m，警戒区域は約10m～12mが指定されています。

　写真14は，斜面上部に擁壁があって，中・下部(下部に一部あり)にないケースです。

写真14

　がけ下には工業団地が立地し，がけ上には道路が通っています。道路の擁壁はなされていますが，それより下には木や雑草が繁茂しています。

　がけ下より，特別警戒区域は約7m～8m，警戒区域は約30m前後が指定されています。

Q-6 擁壁があるのに警戒区域・特別警戒区域に指定される理由 (2) 31

　このように，擁壁には高さ・施工の程度・強度等さまざまなケースがあります。特別警戒区域の危険性も同一ではない，つまり減価率には幅があることがわかります。

　写真15は，Q-4の③タイプの斜面です。

写真15

　写真に写っている斜面は，警戒区域にだけ指定されています。斜面中・上部に樹木の生い茂る長大斜面（道路から約65 m）ですが，特別警戒区域には指定されていません。

　この斜面一帯は地すべり防止区域にも指定（1969年）され，対策施設（蛇かご・コンクリート土留工・間知石擁壁）が一部設置されています。対策施設のない箇所は特別警戒区域にも指定されています。

　地すべり防止区域は，対策施設のない箇所を含めた広い範囲が指定されていますが，区域全部に対策施設を設置するわけではないようです。

Q-7 地すべり型の警戒区域・特別警戒区域の指定範囲

地すべり型の警戒区域・特別警戒区域の具体的な指定範囲を教えてください。

A　(1)　地すべり型の特徴

　地すべり型の警戒区域は，地すべり地形を基準に設定されます。土石流型や急傾斜地型が地形の傾斜や斜面の高さの数値を基準にしているのとは大きく異なります。

　地すべり型の警戒区域の形状は舌状になっていることが特徴であり，次の3種類が比較的多く見うけられます。

① 　比較的幅広の大きい形
② 　細長い形状だが，長さは短い形
③ 　比較的細長く帯状に長い距離を持つ形

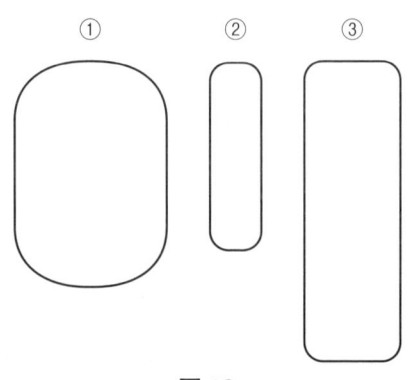

図18

　実務上，地すべり型の警戒区域は，範囲（土塊）や移動方向の特定が難しいこともあって，①～③が重なり合っているケースを多く見かけま

す。なだらかな斜面に指定が多く見られますが，急傾斜した斜面も指定されます。山間部の川沿いには，山の下を流れる川の対岸にまで達する警戒区域が指定されることや，土石流型や急傾斜地型の警戒区域と同じ斜面が地すべり型に指定されることはあります。

　地すべり型の警戒区域は，ほぼ平坦地にも指定されるのが特徴であり，地すべり区域下端から警戒区域（地すべりの長さ）以内に定められていますが，250mを超える場合は250mまでと定められています。

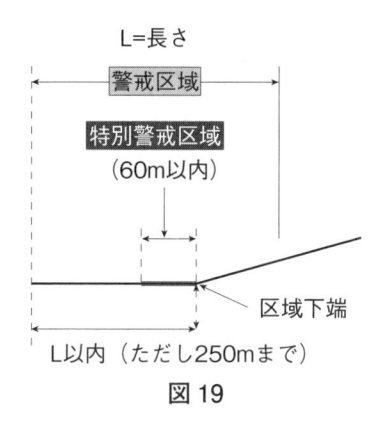

図19

　これは，過去の地すべり発生事例（「土砂災害防止法令の解説」）によると，以下の結果が得られているためです。
① 土石等の堆積した長さを地すべりしている区域の長さで除した値は，全体の99％が1以下となっている。
② 土石等の堆積した幅を地すべりしている区域の幅で除した値は，全体の99％が1以下となっている。
③ 土石等の堆積した長さは250m以下となっている。

　筆者は，ほぼ平坦な所を地すべりが250mも移動するはずがないと思っていましたが，2012年3月・新潟県上越市国川地区において発生した大規模（幅150m・長さ500m）な地すべりは，積雪約1.5mの雪をラッセルするように約2度の緩斜面を250m移動し，人家4棟・非住家7棟

〈上越市国川地区の地すべり〉

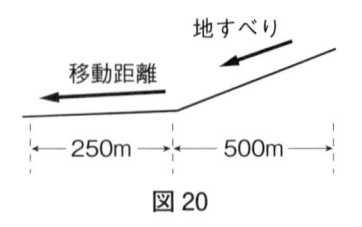

図20

を全壊[*1]させたことを知って納得しました（図20参照）。

　前に調査した地すべり地帯に図21の平坦地に住宅があり，緩斜面下より約200mまでが警戒区域に指定されていました。付近の住民は「ここまで地すべりはこないでしょう」と言っていたのが印象に残っています。今思うに，融雪を伴うと地すべりが家まできてもおかしくないかもしれません。

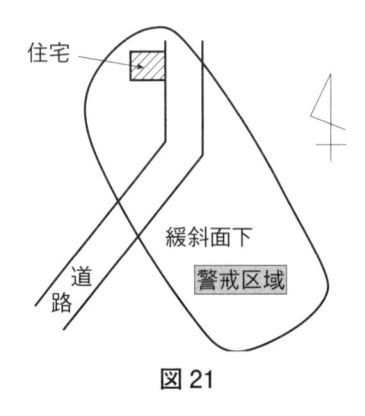

図21

　図22は，山間部を流れる川沿いが地すべり地帯で，川へ押し出すように警戒区域が指定されています。こういった地域では，土砂の流出によって川の流路が変わる[*2]ことがあるようです。

[*1] 関拓馬「上越市板倉区国川地内で発生した地すべりについて」（新潟県土木部砂防課）

図22

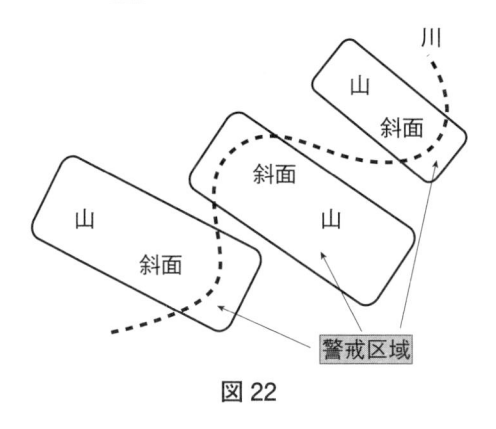

（2） 地すべり型の特別警戒区域の指定は全国で1件のみ

2014年12月31日時点では，地すべり型の特別警戒区域は全国で1件（富山県氷見市胡桃）しか指定されていません。役所によると，指定自体（土塊移動の特定）が難しいようです。

（3） 警戒区域の実例

長野県飯田市南信濃和田地区の山間部に遠山川（図23および写真16参照）が流れています。

1718年・遠山大地震（M7）により盛平山の斜面が崩落して出山ができました。そのため，遠山川の流れが北西側に移動（最大約200m推定）したと伝えられています。

出山付近一帯は，地すべり危険箇所（土砂災害危険箇所）や地すべり型の警戒区域に指定されています。

[*2] 伊那谷遺産プロジェクトサイトによると，1961年豪雨により長野県大鹿村の小渋川沿いにある大西山が崩壊しました。崩壊は高さ450m，幅500m，厚さ15mおよび，大量の土砂が対岸の集落に押し寄せて大災害（死者42名・家屋40戸流出）となりました。その後，土砂が堆積した箇所は公園になり，小渋川の流路は移動しました。

図23

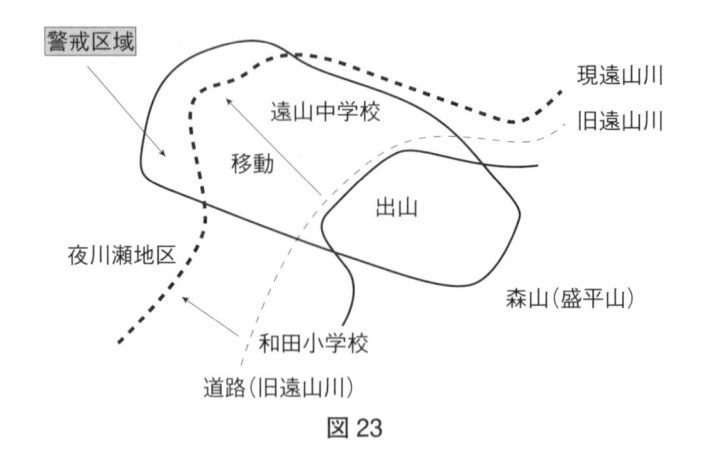

写真16

　遠山川沿岸には，数多くの地すべり型の警戒区域指定や山地崩落地帯に多い「押出」や「ナギ」（薙ぎ倒すの意）といった地名が多く見られますから，地形的に地すべり地帯のようです。

＜引用・参考文献＞
○岩手県県土整備部砂防災害課「土砂災害防止に関する基礎調査マニュアル（案）」（地すべり編）p. 地-7, 2013 年 4 月
○桂真也・木村誇・畠田和弘・丸山清輝・秋山一弥「融雪により発生した地すべり土塊の移動距離に関する検討」独立行政法人土木研究所，雪崩・地すべり研究センター
○信濃史学会会誌「信濃第一次」市村咸人（遠山峡谷に出山を造りたる享保地震史料）1933 年
○飯田市美術博物館・柳田國男記念伊那民俗学研究所「遠山谷中部の民俗」（飯田市地域史研究事業民俗報告書 5）p.42
○国土交通省河川局水政課・砂防部砂防計画課「土砂災害防止法令の解説」p.59
○国土交通省砂防部「全国における土砂災害警戒区域等の指定状況（2014/8/31 時点）」

＜参考サイト＞
○国土交通省天竜川上流河川事務所（人と暮らしの伊那谷遺産プロジェクト・夜川瀬地区の氾濫・大西山崩壊地）
 http://www.cbr.mlit.go.jp/tenjyo/think/heritage/
○富山県土木部砂防課（土砂災害警戒区域等指定状況）
 http://www.pref.toyama.jp/cms_sec/1505/index.html

Q-8 地すべり型の警戒区域の指定例

地すべり型の警戒区域の指定例を教えてください。

A 　山の斜面が複雑で，いくつもの地すべり型の警戒区域が入り組んで指定されている箇所があります。写真17と図24を示します。斜面は以前から地すべり危険箇所（土砂災害危険箇所）に指定されていましたので，潜在的な地すべりの危険性は有していました。

写真17

　次の例は，緩斜面が地すべり型の警戒区域に指定された箇所です。写真18と図25を示します。
　ここは地すべり危険箇所には指定されていませんでしたが，警戒区域に指定されています。警戒区域は一部重なり合いますが，比較的区分が分かれている部類だと思われます。

Q-8 地すべり型の警戒区域の指定例

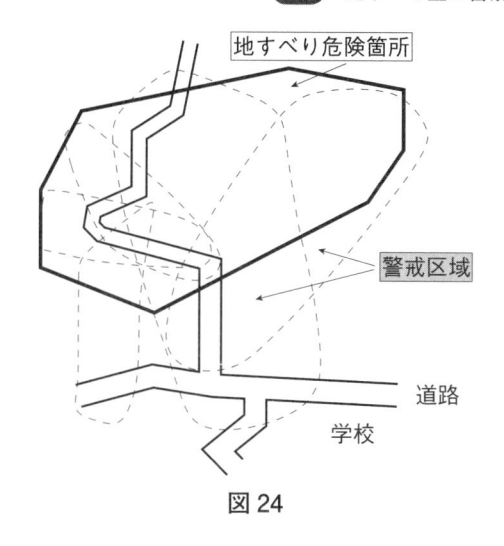

図 24

写真 18

　一般に地すべりは，10度〜20度の緩やかな斜面でも起きるようですが，文献[*1]によると，新潟県中越地震，中越沖地震，能登半島地震，岩手・宮城内陸地震では，斜面勾配0度〜10度未満でも箇所数は少ないですが地すべりが発生しています。

図25

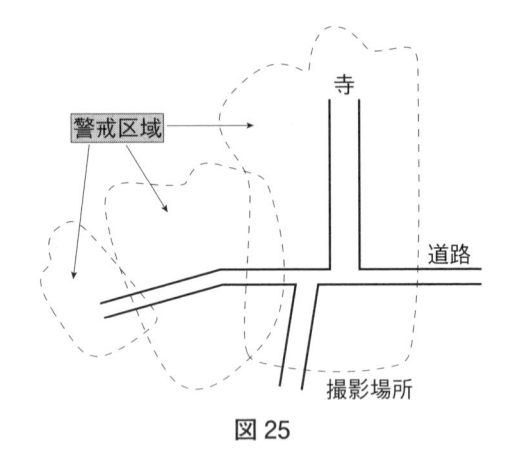

また，「四つの地震により発生した地すべりは震度5強以上の分布域に位置し」，および「地すべり発生率は斜面勾配よりも震源断層からの距離に強く影響されることが考えられる」と指摘されています。

過去に地すべりがなくても，また，斜面が緩やかでも，震度5強以上の地震があれば地すべり地形を有している箇所は注意が必要でしょう。

<引用・参考文献>
○独立行政法人土木研究所，土砂管理研究グループ，雪崩・地すべり研究センター「平成16年新潟県中越地震により発生した地すべりの実態調査」土木研究所資料第4187号，2010年12月
<参考サイト>
○防災基礎講座　自然災害について学ぼう
　http://dil.bosai.go.jp/workshop/01kouza_kiso/hajimeni/preface.htm

*1 独立行政法人土木研究所，土砂管理研究グループ，雪崩・地すべり研究センター「既存地すべり地形における地震時地すべり発生危険度評価手法に関する研究」p.9, p.14, p.15, 2011年7月，土木研究所資料第4204号

Q-9 土石流の直進性・高速化・回数

過去の災害では，土石流に直進性があったり，猛スピードで進んだり，何回も起きたりしたことを聞きました。どういう意味ですか？

A 土石流には下記の特徴があります。

(1) 直進性

沢や小さな川が本川に合流する場合，特別警戒区域の指定が本川を突っ切っている場合と，手前で止まっている場合（図26参照）があります。

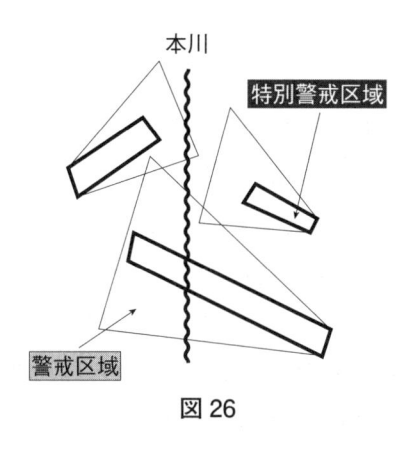

図 26

傾斜の度合い，土石流の規模，合流する地点の角度によっては，土石流が本川に合流しないで，直進して対岸へ向かうことが予想されます。

実務上，大きな川に対し沢が直角に近い形で流れ込んでいる場合は，大きな川の対岸を越えて警戒区域が指定されることがあります。たとえば，天井川で堤防が低いためか川幅約100 m（夜間瀬川）を越えて対岸約150 mまで警戒区域（土石流型）の指定がされています。

文献[*1]に，直進して対岸に到達する判断材料として，①合流角度が直角に近い，②対岸の比高差が小さい，③本川の河床勾配が緩い等が挙げられています。

2004年8月・香川県落合川（流域面積0.2km²・土石流危険渓流）で起きた土石流[*2]は，本川の流れに合流せず，直進して対岸の自治会館（4名自主避難）を襲い，大災害（2名死亡・2名負傷）となりました（図27参照）。

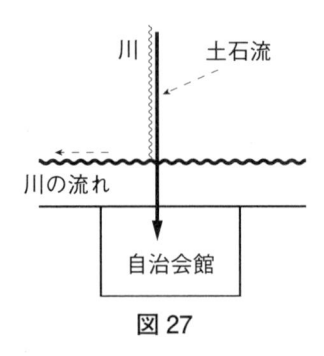

図27

2011年9月・紀伊半島豪雨災害では，土石流が対岸に5回達した事例（和歌山県中辺路町真砂・富田川左岸）があります。

また，1847年の善光寺大地震によりできた天然ダムの決壊により土石流が千曲川（堤防間約400m弱）を直角状に横断して対岸の長野市松代町柴地区（死者4名）を襲いました（長野市誌）。

図28は，川に合流する沢沿いに土石流型の特別警戒区域が一部設定(A)されています。この場合，土石流は(A)を直撃するほか，(B)，(C)に押し寄せることが予想されます。

実際，土石流ではありませんが，対岸で起きた地すべりの崩壊土砂に

[*1] 財団法人砂防フロンティア整備推進機構　三木洋一・内山均志「土砂災害警戒区域等のよりよい設定に向けて（その2）」

[*2] disaster-i.net 牛山素行（2004年8月17日〜18日香川・愛媛豪雨災害に関するメモ）http://www.disaster-i.net/

図28

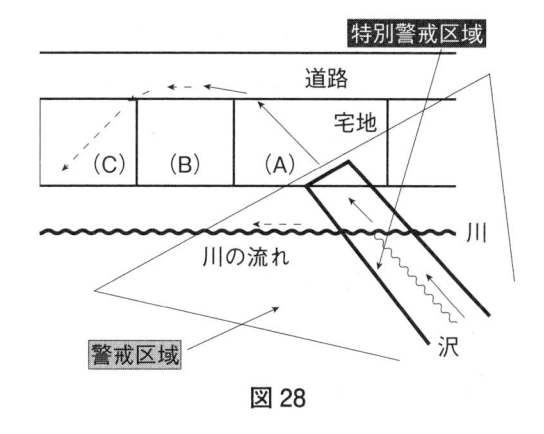

押し上げられた水が家屋2棟を流出させた災害（2011年9月・奈良県十津川村野尻）が発生しています。

(2) 高速化

本川に合流する沢の角度が小さかったり（図29の沢1，沢2），土石が少なかったりしますと，沢で発生した土石流は抵抗が少なく流れていき，高速化して長距離を流れることがあります。

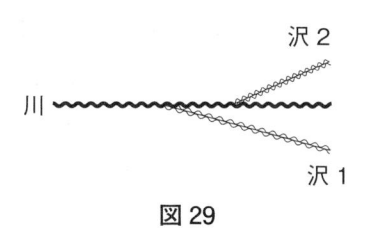

図29

たとえば，1997年・鹿児島県出水市の針原川で発生した土石流は，土石が少なく，最大流下速度が時速80km[3]を超えていたと推測されています。

---

[3] 森脇寛・佐藤照子・千葉長「主要災害調査第35号 1997年7月鹿児島県出水市針原川土石流災害調査報告」p.33, p.65, 1998年5月, 科学技術庁防災科学技術研究所

水を多く含んだ土石流や地すべりの高速化は，1995年・兵庫県西宮市仁川地区（勾配20度の斜面），1998年・福島県西郷村（勾配10度の谷），2013年・伊豆大島などで報告されています。

(3) 回　数

土石流は，1回だけでなく複数回押し寄せることがあります。

砂防ダムが何基あっても最初の数回でダムを満杯にして，それに続く土石流が通過して災害を引き起こすことがあります。

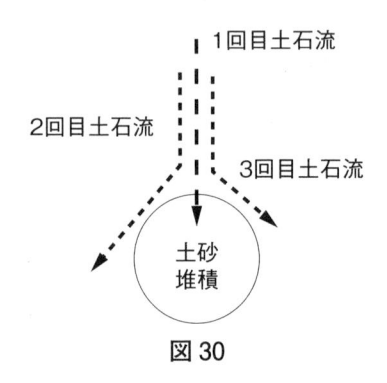

図30

実際，1996年12月・長野県小谷村蒲原沢（流域面積3.73km²）で発生した土石流[*4]は，5回（小さいものも含めると8回）にもおよび，大災害（死者14名・負傷者9名）となりました。谷止工2基を破壊（1基全壊・1基半壊）し，砂防ダム2基および建設中の砂防ダム・流路工を通過して本川である姫川に合流しました。冬に土石流が押し寄せることは非常に珍しいことのようです。

また，2007年7月・鹿児島県南大隅町の船石川（流域面積0.32km²）で起きた土石流[*5]は7回におよびました。No.1～3によって1号および

[*4] 國島正彦・長谷川智章「蒲原沢の土石流」p.1（1996年12月6日，長野県北安曇郡小谷村）
[*5] 国土技術政策総合研究所砂防研究室　小山内信智・土研火山・土石流　武澤永純「南大隅町土石流災害調査概要」

2号えん堤は満砂，No.4 〜 7 は乗り越えて下流まで流下しました。

(4) 首振り

　複数回押し寄せる土石流は，最初の土石流が流路に土砂を堆積させて2回目以降左右に首振り状*6 で流れることがあるようです。

　実際，2009年7月・山口県防府市で発生した土石流（上田南川・剣川・柊北渓流・石原1）は，被災前の流路と異なる方向，つまり首振り状に流下しています。

＜引用・参考文献＞
○公益社団法人地盤工学会関西支部「平成23年台風12号による地盤災害調査報告書」（第Ⅲ編和歌山県における地盤災害，Ⅲ-25）
○中谷加奈・水山高久・福崎温子・里深好文「土石流の合流角度が本川合流点に及ぼす影響」
○佐々恭二「西宮市仁川で発生した地震時高速地すべり」（京都大学防災研究所）
○井口隆「1998年8月豪雨による阿武隈川上流地域における斜面災害調査報告」p.111
○伊豆大島土砂災害対策検討委員会「伊豆大島土砂災害対策検討委員会報告書」2014年3月
○土木学会地盤工学委員会斜面工学研究小委員会編集委員会「知っておきたい斜面のはなしＱ＆Ａ－斜面と暮らす－」p.76
○「長野市誌」第九巻 p.754
○土石流災害対策検討委員会「土石流災害対策検討委員会報告書」pp.71 〜 77，2010年1月，山口県

---

*6 笹賀一郎「扇状堆積地の土砂災害防止に関する基礎的研究」pp.361 〜 363，1979年7月，(4) 扇状地の首ふり現象

Q-10 土石流型の警戒区域の危険性

土石流が発生した場合，警戒区域内にある建物を壊す可能性はあまりないと人から言われました。また，警戒区域外は安全とも言われました。本当ですか？

A (1) 危険性の定義

　土砂法施行令3条等は，危害または著しい危害のおそれのある土地を次のとおり定めています。

① 土石流により土砂災害の危害がもたらされると予想される土地において，住民等の生命または身体に危害が生ずるおそれがあると認められる土地 ⇨ 警戒区域に指定

② 土石流により土砂災害の危害がもたらされると予想される土地において，建築物に損壊が生じ，住民等の生命または身体に著しい危害が生ずるおそれがあると認められる土地 ⇨ 特別警戒区域に指定

　つまり，建築物に損壊を生じさせる箇所が特別警戒区域に，建築物の損壊までに至らない箇所が警戒区域に指定されます。

(2) 警戒区域の危険性

　土石流災害の多くは，土石や流木が沢や川の上・中流に堆積し，下流に泥流や濁流が押し寄せて床上・床下浸水の被害が発生しています。

　2006年・長野県岡谷市で発生した土石流被害では，湊花岡地区で床上浸水40棟・床下浸水79棟，川岸橋原地区で床上浸水10棟・床下浸水20棟に及んでいます。

　しかし，土石流の規模が大きいと，特別警戒区域だけでなく警戒区域

にまで土砂，流木，危険物等の流れ込む災害が数多く報告されています。

たとえば，2009年7月・山口県防府市上田南川で起きた土石流は，警戒区域にあった特別養護老人ホームを襲い大惨事（7名死亡）となりました。

図31～図33は，文献[1]を基に熊本県阿蘇市で起きた土石流を図化したものです。

図31の一の宮町塩井地区では，土砂は特別警戒区域の範囲を大きく上回って谷出口付近で大きな被害（全壊1棟・半壊4棟等）が生じました。

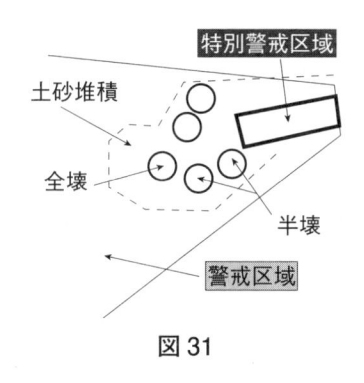

図31

図32の一の宮町鬼塚地区では，特別警戒区域より広い範囲で土砂が堆積し，大きな被害（全壊2棟・半壊6棟等）が生じました。

2014年7月・長野県南木曽町読書の梨子沢で起きた土石流[2]は，警戒区域にあった地域を襲い，死者1名，全壊3戸・半壊4戸・一部損壊4戸等の大惨事となりました。この沢には，対策施設たる砂防ダムがあるため，特別警戒区域の指定はありませんでしたが，土石流は砂防ダムを乗り越えてきました。

---

[1] 阿蘇地域土砂災害対策検討委員会「阿蘇地域土砂災害対策検討委員会報告書」（熊本県），第2回委員会討議資料，p.16，p.17，p.24，2013年3月
[2] 国土交通省砂防部「長野県木曽郡南木曽町読書で発生した土石流災害」2014年8月5日時点

図32

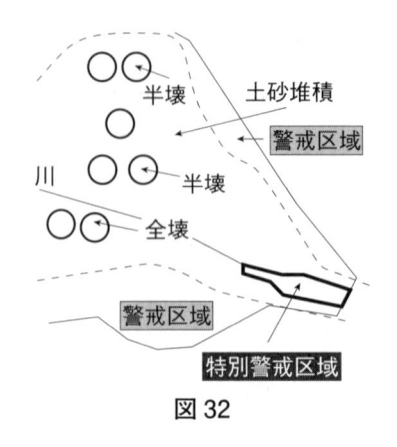

　砂防ダムが整備されていても，土砂が多く溜まり満杯状態であったり，想定外の土砂が押し寄せたりすると，土石流はダム上を乗り越えていってしまいます。

　実際，広島市の土砂災害[*3]（2014年8月）では，「16の渓流のうち，12の渓流では調査時の想定土砂量を上回る土砂が土石流として流下していた。このうち阿武の里団地など5つの渓流が想定量の2倍以上，さらにその内の2つである県営緑ヶ丘住宅の上の渓流，光廣神社の裏の渓流では総定量の4倍を超えた巨礫を含む土砂が流出した。」とあります。

　特別警戒区域に家屋がなくても，警戒区域にガスボンベ庫やため池があると，土石流の被害を大きくします。

　たとえば，2012年・滋賀県大津市の分譲住宅地域で起きた土石流[*4]は，谷の出口（警戒区域）付近にあったプロパンガスボンベ庫（市企業局・200kgボンベ18本）を直撃しました。その結果，プロパンガスが流出し，漏れたガスに引火して，住宅と倉庫が全焼しました。

[*3] 公益社団法人土木学会・土木学会中国支部，公益社団法人地盤工学会「平成26年広島豪雨災害合同緊急調査団調査報告書」p.231，2014年10月
[*4] 北川晴彦（大津土木事務所河川砂防課）「石山外畑町土石流災害にかかる専門家調査について」

2011年・紀伊半島大水害*5 では，奈良県各地で多数のガスボンベ（計約93本）が埋没または流出し，容器の回収に手間取りました。

1997年・鹿児島県出水市針原川で起きた土石流*6 は，上流にあった農業用ため池に流入し，勢いを増したと考えられています。

1847年・善光寺大地震により長野市吉地区を流れる隅取川で起きた土石流は，流下途中にあった農業用ため池を決壊させ，大災害（153人死亡・55戸流出）になりました。

このような実例から，土石流の規模が大きくなると，警戒区域であるからといって，土砂が建物を壊す可能性がないとも言い切れないのが実情です。

（3） 警戒区域外の危険性

警戒区域外であっても，警戒区域に近接していると土石流に遭うことがあります。

図33の熊本県阿蘇市一の宮町阿蘇品地区では，警戒区域でない山（0

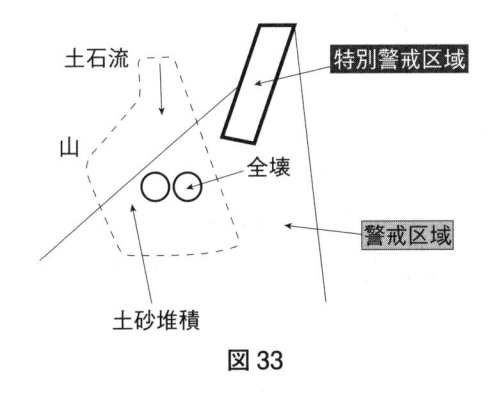

図33

---

*5 奈良県防災統括室「報道資料」（台風12号及び15号に関する被害状況等について，第99報）2012年3月2日
*6 中川一・高橋保・里深好文・立川康人・市川温・吉田義則・中村行雄「平成9年鹿児島県出水市針原川で発生した土石流災害について」京都大学防災研究所年報第41号，B-2，1998年4月

字谷）から土石流が起き，警戒区域に流れ込み，大きな被害（全壊2戸・半壊2戸・一部損壊2戸等）が生じました。

図34の2007年7月・鹿児島県垂水市二川地区で発生した土石流[*7]は，がけ下にある人家4戸と郵便局を全壊させ，警戒区域外にも流れ込みました。急傾斜地型の警戒区域・特別警戒区域の指定はありましたが，土石流型の指定はありませんでした。

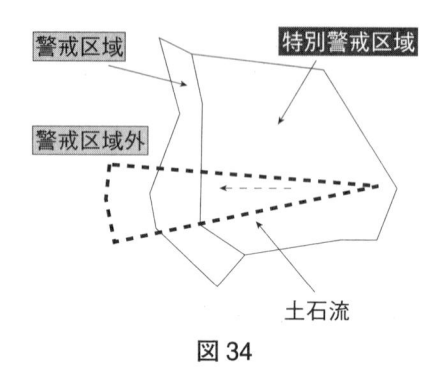

図34

警戒区域の指定にあたって，土石流の土砂到達範囲は勾配2度までの範囲と決められていますが，近年の災害において2度未満の勾配でも僅かですが報告[*8]されています。

図35は，最初の土石流で橋が流木で詰まり，後続の土石流が橋付近からあふれて警戒区域外へ浸水した事例[*9]を図化したものです。

長野県では，土石流や水害によって流木が橋に詰まることを防ぐために，写真19のように橋脚のない橋があちこちに建設されています。

[*7] 国土交通省「土砂災害防止法」平成23年度政策レビュー結果（評価書）（案）資料3, p.46, p.47

[*8] 土砂災害対策の強化に向けた検討会「土砂災害対策の強化に向けて　提言」p.32, 2014年7月

[*9] 国土交通省水管理・国土保全局砂防部「土砂災害対策の強化に向けた検討会　ハード対策分科会（第2回）討議資料」p.25, 2014年3月26日

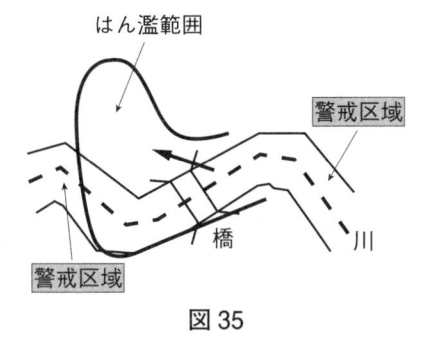

Q-10 土石流型の警戒区域の危険性 51

図 35

写真 19

　このように，警戒区域外でも著しい危険性が報告されていますから，警戒区域外だからといって絶対安全だともいえないようです。
　実際，筆者は警戒区域（土石流型）に近接する土地評価の際，1％程度減価したことがあります。山が深いことや指定範囲が長いことから，警戒区域外でも若干の危険性ありと判断したからでした。

＜引用・参考文献＞
○内山信政，郷土史研究会機関誌「長野第 87 号」(弘化大地震による吉村の災害) p.87, p.88, 1979 年 9 月
○長野県岡谷市「忘れまじ豪雨災害」2006 年 7 月豪雨災害の記録, p.19, p.20
○国土交通省「平成 21 年 7 月末土砂災害（山口県）」(7 月 21 日の大雨により山口県内で発生した土砂災害) 速報, 2009 年 8 月 31 日
＜参考サイト＞
○内閣府・防災情報のページ
http://www.bousai.go.jp/

○最近の森林整備事業～知っていますか？

　筆者が3年ほど前に父から相続した山林に関して，県から突然，協定書および委託契約書が送られてきました。
　内容は，「里山の森林機能の回復を図るとともに長期にわたり適正に管理するため，森林整備，時期，その他必要な事項を定め，確実に森林整備を推進することを目的とする"みんなで支える里山整備事業"」でした。これは，森林税を財源に集落周辺の間伐を面的に進める事業のようでした。
　地方集落周辺の森林が荒れるのは土砂災害（土石流）の原因となりますので，公共の主旨に賛同して早速書類に判を押して提出しました。
　固定資産評価額は最低課税未満（30万円未満）に該当して，今まで固定資産税は払っていませんでしたし，場所すら知らずにほったらかしの状態でした。
　ただ，驚いたことは，協定期間20年，協定期間内は森林以外への転用および皆伐禁止，災害以外の理由で転用した場合，事業補助金の返還負担（所有者に補助金は一切なし）といった契約内容でした。
　この事項は登記されませんので，土地を売却する場合の第三者や競売事件になった場合の評価人は，この契約の存在を知らないこともありえます。
　これ以来，集落周辺および離れた距離にある山林の調査があった場合は，県林務課や森林組合へ行って調査するようになりました。
　不動産には思いがけないことが潜んでいるものです。

Q-11 土石流災害があった場所周辺の地価の動向

土石流災害があった場所近くの地価は下がる気がしますが，実態はどうですか？

A 土石流災害があった場所近くの地価公示標準地や地価調査基準地の価格動向を調べてみました。

災害の影響から地価が前年より大きく下がったり，下落率が拡大したり，影響があまりなかったりと，様々なのが実情です。

災害があった近くでも立地条件によっては需要が高まり，逆に地価が上昇することもありますから，必ず下がるともいいきれない面があります。

実際，土石流ではありませんが，東日本大震災（2011年）後，旺盛な移転需要から，津波被害がなかった地価公示標準地や地価調査基準地の価格上昇の例（岩手県釜石市・宮古市・陸前高田市等）が数多く報告されています。

(1) 東京都伊豆大島

2013年10月に東京都の伊豆大島では，土石流が発生し，死者・行方不明者39人，住家被害153棟などの被害が発生しました。この土石流から約200m～300m離れた地価公示の標準地では，公示価格が大幅に下落しました。

たとえば，東京大島-1では▲24.2%，東京大島5-1では▲14.8%の下落率を示しましたが，災害がなかった東京大島-2の下落率が▲1.6%だったのと比べると歴然です。

大きな減価率となった背景には，溶岩流の上につくられた地域（14世

東京大島－1 (標準地)

年　次	2011	2012	2013	2014
公示価格（千円/㎡）	19.8	19.7	18.6	14.1
変動率（％）	▲1	▲0.5	▲5.6	▲24.2

東京大島5－1 (標準地)

年　次	2011	2012	2013	2014
公示価格（千円/㎡）	65	61	56.7	48.3
変動率（％）	▲7.1	▲6.2	▲7	▲14.8

紀噴火），不動産需要の減退，回数（1958年，1995年～1997年等）の多い土石流に対する心理的嫌悪感（スティグマ），インフラ復旧期間，売り物件の値下げ等の要因が推測できます。

ただ，2014年7月に長野県南木曽町で起きた土石流はん濫地域から直線で約500m離れた基準地（南木曽－1・平成26年11,500円/㎡）の変動率（▲2.5%）が前年と同じだったのと比べ対照的です。

(2) 長野県岡谷市

2006年7月に長野県岡谷市湊地区の小田井沢では土石流が発生し，死者7名，全半壊17棟，一部破損26棟の被害が発生しました。

この土石流から約430m離れた地価調査基準地の標準価格は，下落幅が拡大しました。周辺の被害のなかった基準地の下落率が縮小したのと比べ対照的です。

岡谷－3 (標準地)

年　次	2004	2005	2006	2007	2008
標準価格（千円/㎡）	42.7	39.7	37.4	34.7	33
変動率（％）	▲6.2	▲7	▲5.8	▲7.2	▲4.9

ただ，災害現場から約 350m 離れた諏訪湖畔に 2008 年 11 月に新規住宅分譲地（一部代替地）が売り出され，湖畔という立地条件からか，売出し初日に 8 区画中 7 区画に申し込みがあるほど人気となりました。ここも別の土石流型の警戒区域に指定されていましたが，あまり影響はなかったようです。

(3) 山口県防府市

2009 年 7 月に山口県防府市の剣川で起きた土石流災害現場近くの地価公示標準地（防府 - 11）は，下落率が拡大（▲ 6.7%→▲ 9%）していますが，災害がなかったと思われる他の標準地（防府 - 17）も下落率が拡大しています。したがって，災害が周辺の地域の地価下落へ直接影響を与えたとは考えにくい面があります。

＜引用・参考文献＞
○伊豆大島土砂災害対策検討委員会「伊豆大島土砂災害対策検討委員会報告書」2014 年 3 月
○岡谷市「忘れまじ豪雨災害」（平成 18 年 7 月豪雨災害の記録）
○岡谷市広報 2008 年
○一般財団法人日本不動産研究所，東日本大震災土地評価連絡会「不動産調査 - 東日本大震災に関する土地評価」2011 年 7 月号（No.381）
○独立行政法人防災科学技術研究所「伊豆大島―過去の災害履歴」2013 年 10 月 24 日
＜参考サイト＞
○全国の地価
　http://rpamap.jp/
○国土交通省地価公示・都道府県地価調査
　http://www.land.mlit.go.jp/landPrice/AriaServlet?MOD=2&TYP=0

Q-12 特別警戒区域内の建物の構造規制

特別警戒区域内で建物を建てる場合は，構造強化が必要であると言われました．具体的にはどういうことですか？

A 特別警戒区域内で建物を建てる場合は構造規制があります．
　具体的には，がけ崩れや土石流が起きた場合，建物が破壊されないように鉄筋コンクリート造にするか，もしくは下記のような外壁や構造耐力上主要な部分を鉄筋コンクリート造にしたり，防護柵を設置したりする必要があります．

(1) 基　礎

　基礎と一体の控壁を有する鉄筋コンクリート造の壁とすること．

(2) 構造耐力上の主要な部分

　崩壊土砂の衝撃を受ける高さ以下にある構造耐力上主要な部分は，鉄筋コンクリート造とする必要があります．
　1階（車庫）は鉄筋コンクリート造，2・3階（住居）は木造でもいいような気がしますが，崩壊土砂の衝撃を受ける高さが3mを超えてくると，1・2階を鉄筋コンクリート造にする必要があります．

(3) 外壁の構造

　急傾斜地に面する外壁は，崩壊土砂の衝撃を受ける高さ以下の部分を鉄筋コンクリート造の耐力壁とする，開口部は原則設けない，厚さは15cm以上とする等の制限があります．
　具体的には，土砂（土圧）が押し出す面（1階）には窓が付けられないことになります．がけに非常に近接する場合は，衝撃を受ける高さが

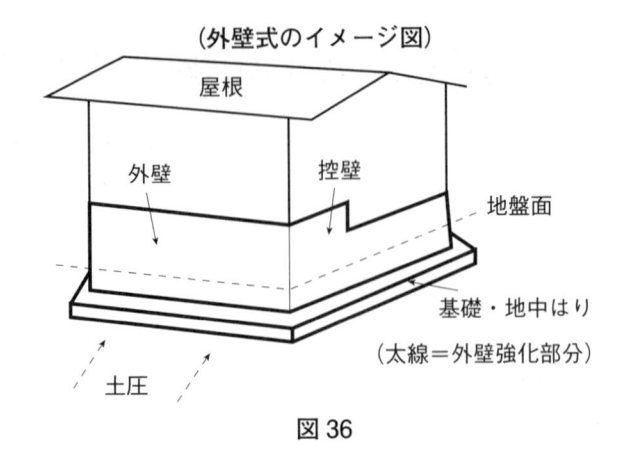

(外壁式のイメージ図)

図36

高くなります。

　実例では，がけ下近接地の1階を窓のない壁式鉄筋コンクリート造にした建物があります（国土交通省ソフト対策分科会）。

(4)　適用の除外（防護柵の設置）

　土石等の高さ以上の門または塀が，建築物の外壁等に作用すると想定される衝撃を遮るように設けられている場合は，外壁や構造耐力上主要な部分を鉄筋コンクリート造にする必要はありません（平成13年3月28日国土交通省告示第383号）。

　具体的には，既存の木造建物をそのまま生かしたい場合は，構造基準に沿った図37のような塀をつくれば，構造規制をクリアできることになります。

　実例として，がけ下からやや離れた箇所に1階軒下付近の高さまで防護壁を設置した建物があります（国土交通省ソフト対策分科会）。

　2010年・広島県呉市白須地区で土砂崩れ（一部損壊3棟）が起きましたが，約10m〜47mの高さから崩落した土砂でアパート1階や家屋が埋まりました。図37のような対策施設がありましたら土砂を食い止め

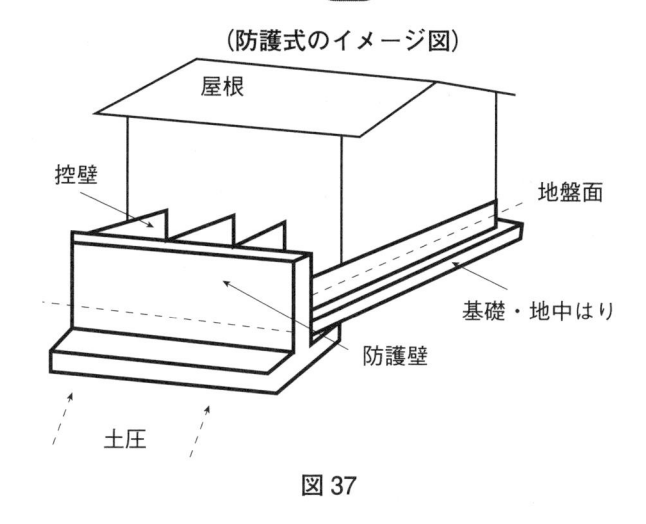

(防護式のイメージ図)

図37

たかもしれません。

しかし、2007年・神奈川県横須賀市田浦町のがけ崩れでは、土砂がマンションの2階に流入しました。がけに近接していたり、がけ崩れの規模が大きかったりすると、2階が必ず安全とも言えないようです。

Q-15 にも防護柵の具体例が載っていますのでご覧ください。

(5) 補助金

特別警戒区域内の住宅や避難所（公共施設を除く集会所等）の建替えのために外壁を強化した場合や、防護壁を設置した場合に、その施工費用の一部を補助する自治体があります。

たとえば鳥取県では、外壁を鉄筋コンクリート造等で強化した場合は1メートル当たり59,000円、外壁の外側に鉄筋コンクリート造等で防護壁を設置した場合は1メートル当たり95,000円を補助しています。2009年より実施していて、2013年および2014年は各1件程度の利用があるそうです（鳥取県土整備部治山砂防課）。

鳥取県のサイトによると、特別警戒区域が建物の一部にかかる場合で

も，構造の強化は必要であるため補助の対象としています。

　特別警戒区域の多くは中山間地域に存在していますが，移転が進まない以上，地域の持続的発展を進めざるをえない背景があるようです。

　このような構造強化に伴う補助金があると特別警戒区域の減価率に影響（減価率小）を与えますが，市場性の減退はなくならない現実があります。

＜引用・参考文献＞
○土砂災害防止法研究会「土砂災害防止法解説」p.129，建設省河川局水政課・砂防部砂防課・砂防部傾斜地保全課監修
○広島県土木局土木整備部砂防課「平成22年7月豪雨による広島県の土砂災害」平成23年1月，p.38
○国土交通省「ソフト対策分科会　討議資料」p.25，資料①，2014年2月7日
○国土交通省砂防部保全課「平成19年台風4号及び梅雨前線による大雨に伴う土砂災害」2007年7月15日

＜参考サイト＞
○広島県（特別警戒区域内の構造規制）
　http://www.sabo.pref.hiroshima.lg.jp/portal/kaisetsu/kaisetsu_home.html
○国土交通省砂防部（土砂災害対策の強化に向けた検討会）
　http://www.mlit.go.jp/river/sabo/dosya_kyouka.html
○鳥取県（鳥取県土砂災害特別警戒区域内住宅建替等事業補助金交付要綱）
　http://www.pref.tottori.lg.jp/90433.htm

Q-13 警戒区域の減価率

警戒区域の減価率を具体的に教えてください。

A 不動産鑑定業務では，警戒区域に指定されているからといって，必ずしも個別に減価をするとは限りません。

警戒区域が指定された近隣地域に対象不動産がある場合，当該地域の価格水準に警戒区域＝土砂災害リスクが含まれているからです。詳しくはQ-16をご覧ください。

警戒区域内には土石流やがけ崩れが起きて災害が生じるかもしれない嫌悪感がありますが，数値化は難しいのが実態です。

また，警戒区域内でも危険性の程度が異なります。

たとえば図38のように，土石流型の警戒区域・特別警戒区域があった場合，(A)は特別警戒区域に近接するため危険性が高いのに対し，(B)は特別警戒区域から離れているため危険性が(A)より小さいといえます。

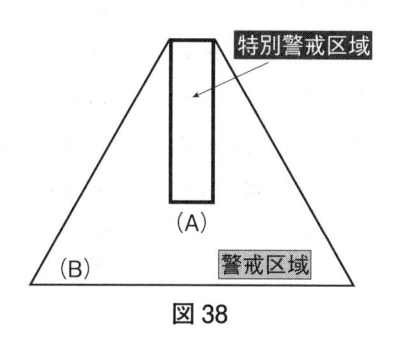

図38

固定資産課税上，警戒区域の面積割合によって減価補正をする自治体と，警戒区域が敷地の一部にかかる場合でも敷地全体に一律に減価補正率を適用する自治体に分かれます。

(1) 警戒区域の面積割合による自治体

警戒区域の減価補正率を定めている下記の例があります。

ただし，警戒区域の指定箇所が多いと，面積測定をする筆数（地目認定も含めて）が膨大になることもあってでしょうか，採用している自治体は少ないのが実情です。

警戒区域面積割合	減価補正率
10％以上30％未満	▲3％
30％以上60％未満	▲4％
60％以上	▲5％

特別警戒区域面積割合	減価補正率
10％未満	▲1％
10％以上20％未満	▲2％
20％以上30％未満	▲3％
30％以上40％未満	▲4％
40％以上50％未満	▲5％
50％以上60％未満	▲6％
60％以上70％未満	▲7％
70％以上80％未満	▲8％
80％以上90％未満	▲9％
90％以上	▲10％

(2) 一律補正

敷地の一部が警戒区域にかかっている場合，面積割合に関係なく，一律に減価補正をする方法です。

自治体は，他の減価補正でもこの考え方を採用していることがあります。たとえば，敷地の一部に風致地区がかかる場合，敷地全体に風致地

区による規制を適用して一律補正による減価補正の運用をしています。

一律に減価補正を実施している自治体は，下記の割合を採用しています。

▲ 3%, ▲ 5%, ▲ 10%

特別警戒区域より警戒区域の減価補正率が小さくなければいけないこと，警戒区域内に建築制限はないこと，比較的減価補正率の小さい他の補正率（水路補正，歩道橋補正等）とのバランスをとることなどを考慮して割合を設定することが多いようです。

(3) 取引事例分析

64ページの表のように，警戒区域内の取引事例40件[1]を分析したところ，警戒区域による平均減価率は2.1%（0.979）でした。

事例には，安い価格水準で取引されていたり，立地条件によっては高い水準で取引されていたり，事情補正が絡んでいたり，増減率が30%に及んでいたりするものがありましたから，信用性に欠ける面があります。

(4) 減価率の積算

筆者は，以前，『Evaluation』誌（プログレス刊）No.27（2007年）で警戒区域の減価率を試算しました。

土砂法の構造規制に沿った高さ（1.5m）の低い塀[2]とコンクリート塀を想定し，その両費用の差額分（2%）と控壁をつくることにより発生

---

[1] 筆者は，2010年～2013年に，長野県北信等地区の事例単価と警戒区域を考慮しない事例補正単価を比較して警戒区域の減価率を分析した（2013）。
[2] 間口15.6m・奥行15.6m，面積243㎡の敷地全体に警戒区域がかかることを前提に，構造規制に沿った幅15cm・高さ1.5m（GL）・控壁5箇所とブロック塀として塀の高さ1.4m・控柱4箇所・6段積みを想定しました。

番号	種別	事例単価 (円／m²)	事例単価÷事例補正単価	事例補正 単価 (円／m²)
1	住宅地	60,500	1.28	47,300
2	住宅地	68,500	1.30	52,700
3	住宅地	62,900	1.25	50,300
4	住宅地	43,300	0.92	46,800
5	住宅地	49,300	0.89	55,700
6	住宅地	25,900	0.81	31,900
7	住宅地	38,200	0.76	50,000
8	住宅地	55,300	1.01	54,900
9	住宅地	54,600	1.04	52,500
10	住宅地	45,300	0.95	47,500
11	住宅地	54,500	1.08	50,500
12	住宅地	47,000	0.97	48,500
13	住宅地	53,200	0.99	53,600
14	住宅地	52,200	0.85	61,400
15	住宅地	52,800	0.91	58,000
16	住宅地	62,600	1.20	52,300
17	住宅地	61,300	1.16	52,800
18	住宅地	48,200	1.04	46,200
19	住宅地	60,500	1.14	52,800
20	住宅地	51,500	1.13	45,500
21	住宅地	30,200	0.84	35,900
22	住宅地	35,700	0.76	46,900
23	住宅地	36,200	0.83	43,400
24	住宅地	38,800	0.94	41,300
25	住宅地	27,500	0.73	37,400
26	住宅地	40,700	0.99	41,000
27	住宅地	24,800	0.96	25,900
28	住宅地	20,900	0.82	25,500
29	住宅地	15,100	0.89	17,000
30	住宅地	15,400	1.04	14,800
31	住宅地	12,300	0.83	14,800
32	住宅地	15,000	1.13	13,300
33	住宅地	36,200	1.11	32,600
34	住宅地	31,400	1.01	31,100
35	住宅地	48,100	1.02	47,100
36	住宅地	16,100	0.73	22,000
37	住宅地	19,500	0.89	22,000
38	住宅地	16,400	1.04	15,800
39	工業地	35,100	1.21	29,100
40	住宅地	21,100	0.70	30,000
		平均	0.979	

・単価は端数処理

する未利用地分（2％）を加算したものを警戒区域の減価率（4％）と判断しました。

参考までに防護柵図面および積算費用[*3]を66～67ページに掲載します。

＜引用・参考文献＞
○内藤武美「土砂災害防止法と鑑定評価上の留意点（下）」『Evaluation』No.27, 2007年

---

*3 一級建築士・不動産鑑定士の畔上豊氏のご協力によりJW-CAD図面を作成し，積算費用を試算しました。

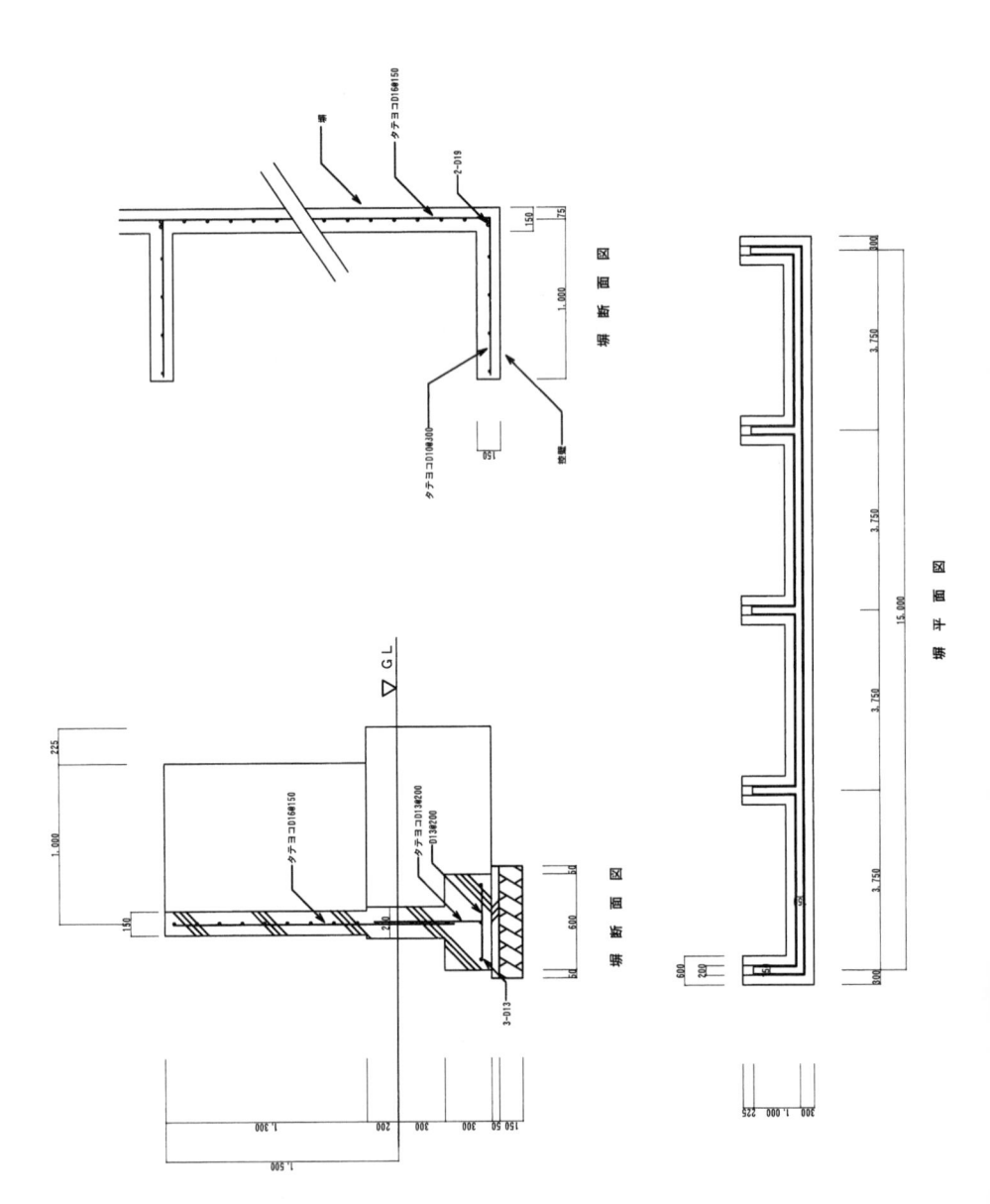

塀工事費

名　称	形　状　規　格	数量	単位	単価	金額	備考
塀工事費						
仮設	やり方、墨出し、足場、清掃等	1	式	50,000	50,000	
根切り	機械	28.5	m³	600	17,100	
砕石事業	再生材	2.2	m³	5,700	12,540	
埋戻し		24.2	m³	850	20,570	
残土処分	場内敷き均し	4.3	m³	980	4,214	
捨コンクリート	材料、打設手間	0.8	m³	17,000	13,600	
コンクリート	〃	8.8	m³	16,000	140,800	
型枠	材工	85.4	m³	3,400	290,360	
鉄筋	〃	1.0	t	112,500	112,500	
小計					661,684	
諸経費					79,402	
合計					741,000	端数処理

Q-14 面積割合による特別警戒区域の減価率

面積割合による特別警戒区域の減価率を具体的に教えてください。

A 減価率を算出するにあたって、面積割合を用いる方法があります。つまり、敷地のうち、特別警戒区域にかかっている面積割合によって減価率を定める方法です。

(1) がけ地補正率の準用による減価補正率

各自治体が採用している減価補正率で多いのは、下記のがけ地補正率を準用しているケースです。

土砂法の所要の補正をする場合、がけ地補正率との均衡を得る必要がある点や、がけ地補正率を他の補正率（高圧線下地補正[*1]、災害危険区域補正等）に準用している点から面積割合を採用しやすい背景があるようです。

面積割合	10%以上20%未満	20%以上30%未満	30%以上40%未満	40%以上50%未満	50%以上60%未満
減価補正率	▲5%	▲10%	▲15%	▲20%	▲25%
面積割合	60%以上70%未満	70%以上80%未満	80%以上90%未満	90%以上	
減価補正率	▲30%	▲35%	▲40%	▲45%	

[*1] 『資産評価情報』通巻173号に、「高圧線下地」の所要の補正を実施している市町村は全部で634あり、その内訳は、がけ地補正率準用265、がけ地補正の簡略化148、一律に補正84、その他137でした。

(2) 独自割合による減価補正率

下記は，各自治体が独自に定めた面積割合により補正（▲減価補正率）しているケースです。

① 30％未満▲10％，30％以上70％未満▲20％，70％以上▲30％
② 一部▲10％，50％以上▲25％，100％▲40％
③ 30％未満▲10％，30％以上60％未満▲20％，60％以上▲30％
④ 30％未満▲10％，30％以上50％未満▲20％，50％以上70％未満▲30％，70％以上▲40％
⑤ 10％以上30％未満▲10％，30％以上50％未満▲20％，50％以上70％未満▲30％，70％以上90％未満▲40％，90％以上▲45％
⑥ 10％以上25％未満▲5％，25％以上50％未満▲10％，50％以上75％未満▲15％，75％以上▲20％
⑦ 25％未満▲15％，25％以上50％未満▲20％，50％以上75％未満▲25％，75％以上▲30％
⑧ 20％以上40％未満▲5％，40％以上60％未満▲10％，60％以上80％未満▲15％，80％以上▲20％
⑨ 10％以上50％未満▲10％，50％以上▲20％
⑩ 50％未満0％，50％以上▲20％
⑪ 50％以下▲10％，50％超▲20％

がけ地補正率は，面積10％未満を補正しないため同10％未満を含めたり，他の補正率と足並みをそろえたり，地域の実態に合わせたりすることが独自に定める理由と思われます。

実際，上記③は，都市計画施設予定地（道路・公園等）の減価割合として相続税財産評価基準や各自治体の所要の補正でよく使われる率です。

(3) 特別警戒区域面積の実態

特別警戒区域の指定範囲は，がけ下より約10m以内または0.4h（h＝高さ）を目安にする資料[*2]があります。

筆者は，以前，急傾斜地型の特別警戒区域にかかる土地（長野市・千曲市等）を調査（1画地を1箇所）しました。

218箇所のうち，敷地の50％以上が特別警戒区域にかかる割合は約24％，同区域50％未満が約76％でした。中でも同区域90％以上は約8％でしたから，全部が特別警戒区域にかかるケースは非常に少ないことを実感しました。ただし，これはあくまで筆者の調査ですから，地域によって数値は異なると思われます。

(4) 敷地にかかる特別警戒区域の例

図39の場合，がけと敷地との間に道路を挟みますと，敷地の一部にだけかかるケースが多いようです。

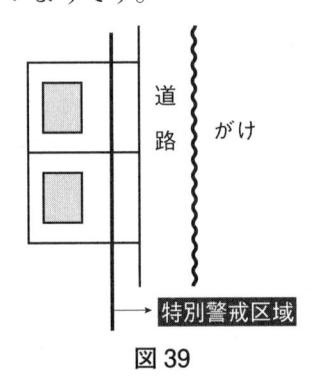

図39

[*2] 高梨和行・森山清郁・草野慎一・水山高久「急傾斜地崩壊による崩土到達距離と下端に隣接する急傾斜地以外の土地の傾斜度の関係について（その2）」に，「平成12年2月に砂防学会がまとめた提言『土砂災害危険区域設定手法について』において，『がけ崩れに対する特に危険性の高い区域』の設定方法として『がけ下から0.4h（hはがけ高さ）以内とする。ただし，最小2m，最大10mとする』ことを参考としている。」の記述があります。

Q-14 面積割合による特別警戒区域の減価率

　図40の場合，南側道路に接する土地に建物を建てる場合は，日照を確保するため建物の配置を北側に近づけます。逆に，北側道路に接する土地は道路側に近づけます。建物の大半が特別警戒区域にかかりますが，敷地全体の30%程度にしかすぎないような土地も多く見受けられます。

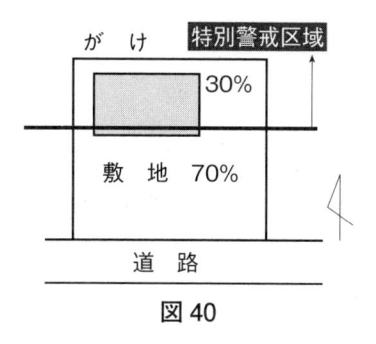

図40

　図41のような土地において道路を拡幅（歩道整備事業等）する場合，建物の大部分は特別警戒区域に入っていますが，拡幅する部分には入っていません。事業者は拡幅する部分だけでなく，利用している土地全体で判断しますが，この場合，特別警戒区域による減価補正をした価格提示では所有者は納得しにくい面があります。

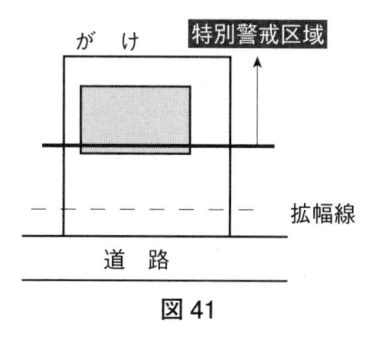

図41

　図42では，土地(A)は敷地の多くが特別警戒区域，土地(B)は若干入っています。それぞれが売却する場合，土地(B)の売主は特別警戒区域の面

図42

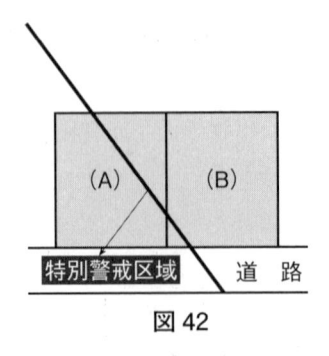

積が僅かなので，(A)と同じ単価では納得しないでしょう。

　沢沿いに特別警戒区域が指定され，敷地内に斜面（法面）を有する図43のような土地(A)がありました。沢は敷地より7ｍ〜8ｍほど低く，斜面は急で敷地の20％に及んでいました。

　調査価格を出す際，価格水準や地域の状況を踏まえ，斜面の価値をゼロにしたので，特別警戒区域の減価は特にしませんでした。斜面の価値に特別警戒区域の減価が反映されると考えたからでした。

　面積割合によって減価率を決定する場合，こういった地域実態，斜面の価値等も踏まえるべきと思われます。

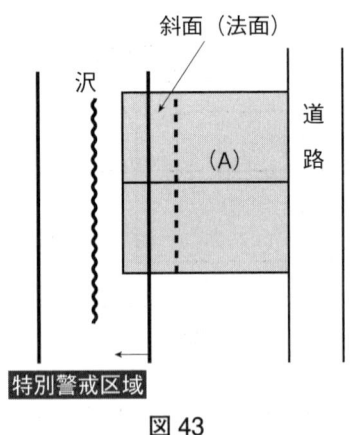

図43

＜参考文献＞
○佐倉市固定資産（土地）評価要領（平成21・24年度）
○青梅市固定資産（土地）評価事務取扱要領（平成23年7月）
○茨城県総務部地域支援局市町村課「平成27年度固定資産の評価替えに関する留意事項（補足説明資料）」平成25年8月8日

＜参考サイト＞
○鳥取市
　http://www.city.tottori.lg.jp/www/contents/1367485071282/
○八幡市
　http://www.city.yawata.kyoto.jp/
○飯塚市
　http://www.city.iizuka.lg.jp/

Q-15 一律割合による特別警戒区域の減価率

一律割合による特別警戒区域の減価率は，どのくらいですか？

A　(1) 一律補正

敷地の一部に特別警戒区域がかかる場合，面積割合ではなく，一律に減価補正する方法があります。

敷地の一部に土砂崩れや土石流があり，擁壁や建物が損壊した場合，影響（改修費用等）は敷地全体に及びますので，リスクを敷地全体として考える方法です。

ここ数年，固定資産評価における所要の補正（特別警戒区域）として一律による減価補正率を採用する自治体が増えました。各自治体にとって他の補正率（風致地区補正，高圧線下地補正，急傾斜地崩壊危険区域補正等）でも一律補正を適用している場合は均衡をとる必要があります。

住民の土砂災害リスクに対する関心は年々高まってきていますから，実務的な方法といえるでしょう。

(2) 減価補正率

各自治体の減価補正率は，▲10%，▲20%，▲30%，▲40%がありますが，ここ数年，▲30%を採用する自治体が増えています。

ただ，特別警戒区域に一部がかかっていても，建物の配置，建築に支障をきたさないときは補正しなかったり，工業地は補正しなかったり，特別警戒区域の面積割合が10%未満は補正しなかったりなど運用は統一されていません。

土地評価の際，筆者はこの手法をよく使います。減価率は，土地や地

域の状況，方位，面積等を考慮して，多くは20%〜40%の範囲内ですが，別荘地などは需要の減退が認められるので，下落率を大きくしています。

(3) 有効なケース

面積割合による減価は，特別警戒区域以外の部分は有効活用できるという考え方ですが，敷地の形状や各種の規制によって活用しにくい土地があります。筆者は，下記の場合，特別警戒区域に係る一律減価が有効と考えています。

図44は，全国の住宅分譲地によく見られる区画割りの例です。形状は，(A)地，(D)地が長方形ですが，(B)地，(C)地は旗竿地（袋地）になっています。(B)地，(C)地は通路部分がありますので，土地の形状から通常の建物を建てられる範囲は限定されますし，配置上困難な場合も十分考えられます。

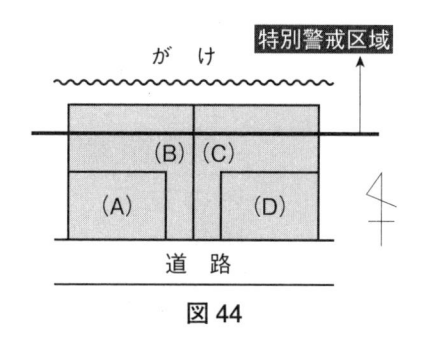

図44

図45は，傾斜地の別荘地によく見られる区画割りの例です。(E)地，(F)地は，南向き下り急傾斜地のため特別警戒区域の指定がこのような形になっています。(E)地，(F)地に通常の建物を建てる場合，がけに近接した所しかありませんが，がけに人工地盤やデッキプレートを設置するとなると高額な費用がかかります。斜面の途中に防護柵を設けることや，建物の構造強化をすることは困難な面があります。

図45

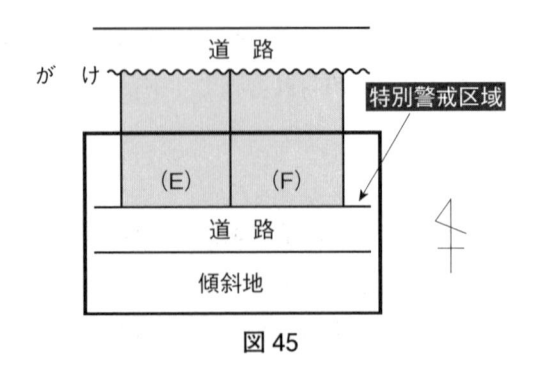

　図46は，特別警戒区域が敷地内を斜めにかかる例です。特別警戒区域外に建物を建てればよいように思えますが，道路から後退して外壁線を確保する必要があることから困難な状況です。

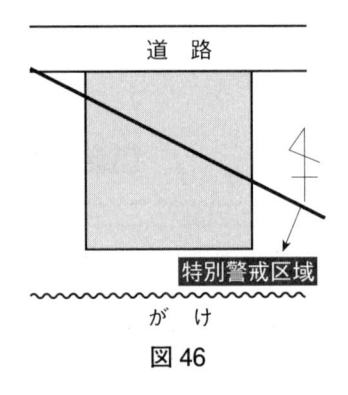

図46

　図47は，敷地東側に特別警戒区域の指定があるほか，西側に地区計画により道路後退ラインがありました。当初，地区計画ラインを意識して建物を建てたのですが，今度は特別警戒区域にかかってしまいました。特別警戒区域および地区計画ライン外に建物を建てるのは困難な状況です。

　また，別荘地域は，緑地確保のため，道路より10m以上建物を後退することもありますが，敷地面積が広いと建物を建てるとき，それほど苦にならないことがあります。

Q-15 一律割合による特別警戒区域の減価率　77

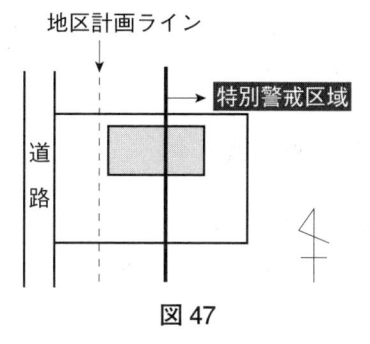

図47

　図48は，がけ下にあり，特別警戒区域ライン，風致地区による道路後退ラインおよび隣地後退ラインがある土地を示しています。

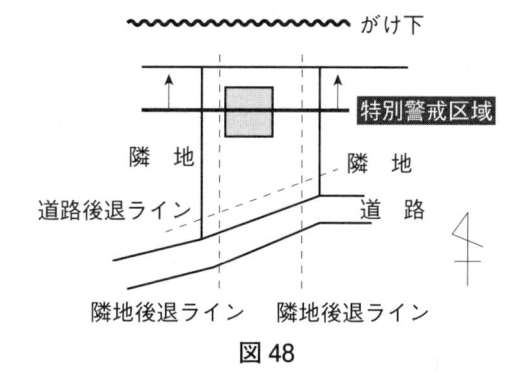

図48

　風致地区の規制により，道路より3m，隣地より1.5m後退したほか，高さ制限8m，緑地率（敷地面積に対する緑地の割合）50％をクリアして建物を建てています。

　一般的に，隣地後退距離や緑地率が建物を建てるときのネックになりやすい傾向があります。特に積雪地域には，屋根の雪が落ちる距離を考慮して隣地後退距離を長く（例：5m以上）定めていることがあります。ほかに，景観条例，建築基準法上の建築協定，任意の建築協約などにも，道路より後退する距離や隣地から後退する距離が定められていますから，特別警戒区域による減価には注意が必要です。

　図47および図48の場合，風致地区や地区計画で個別に減価したり，

自治体が所要の補正を実施したりしていれば，特別警戒区域の減価率は常に同一でないと思われます。

(4) 取引事例分析による減価率

特別警戒区域の一部または全部にかかる土地の取引事例を筆者は数件しか収集できませんでしたので，事例分析による減価率の把握は困難でした。

(5) 減価率の試算

以前，筆者は，固定資産評価研究大会（第11回・2007年，資産評価システム研究センター主催）で，「固定資産評価と土砂災害防止法の関連」の研究発表をしました。その際，特別警戒区域の防護柵（塀）設置（高さ3m，約97,100円/m）を想定した減価率を試算しました。減価率は，▲31％（内訳：防護柵9％，建築制限20％，嫌悪感5％の相乗積）に及びました。参考までに，80〜81ページに防護柵図面および積算費用[*1]（一部修正）を掲載します。

また，以前，『Evaluation』誌（プログレス刊）No.27（2007年）で，鉄筋コンクリート造と木造との建築費用の差額を求めた場合の減価率（▲32％）と，特別警戒区域用の防護柵設置を想定して求めた減価率（▲27.8％）を試算しました。それによると，▲30％前後になりました。

構造強化のため無開口の防護柵を設置しても，特別警戒区域の指定は解除されませんので，建築制限（市街化調整区域等に類似）は依然として続き，指定による嫌悪感や災害に対する心理的嫌悪感は市場性減退につながります。通常の柵と防護柵費用の差額分の比率（控壁による未利

[*1] 一級建築士・不動産鑑定士の畔上豊氏のご協力によりJW-CAD図面を作成し，積算費用を試算しました。

用地を含む）＋建築制限率＋市場性減退率の合計を減価率の根拠として挙げています。

<参考文献>
○京都市固定資産評価要綱（土地編）・京都市固定資産評価要領（土地編）（平成21・24年度）
○大東市固定資産（土地）評価基準取扱要領（平成24年改訂）
○青梅市固定資産（土地）評価事務取扱要領（平成23年）
○長野市土地評価事務取扱要領（平成18・21・24年度）
○大阪府都市整備部河川室ダム砂防課「土砂災害防止法に基づく区域指定について」（2012年1月）
○岐阜県富加町「固定資産税についてのお知らせ」
○内藤武美「土砂災害防止法と鑑定評価上の留意点（下）」『Evaluation』No.27（2007年）
○内藤武美「固定資産評価と土砂災害防止法の関連」「第11回・固定資産評価研究大会概要」（平成20年1月）財団法人資産評価システム研究センター

<参考サイト>
○大津市
　http://www.city.otsu.shiga.jp/www/toppage/0000000000000/APM 03000.html
○小田原市
　http://www.city.odawara.kanagawa.jp/field/tax2/assets/news/dosha.html
○安曇野市
　http://www.city.azumino.nagano.jp/gyosei/kohoshi/backnumber/2012/no141.html

塀断面図

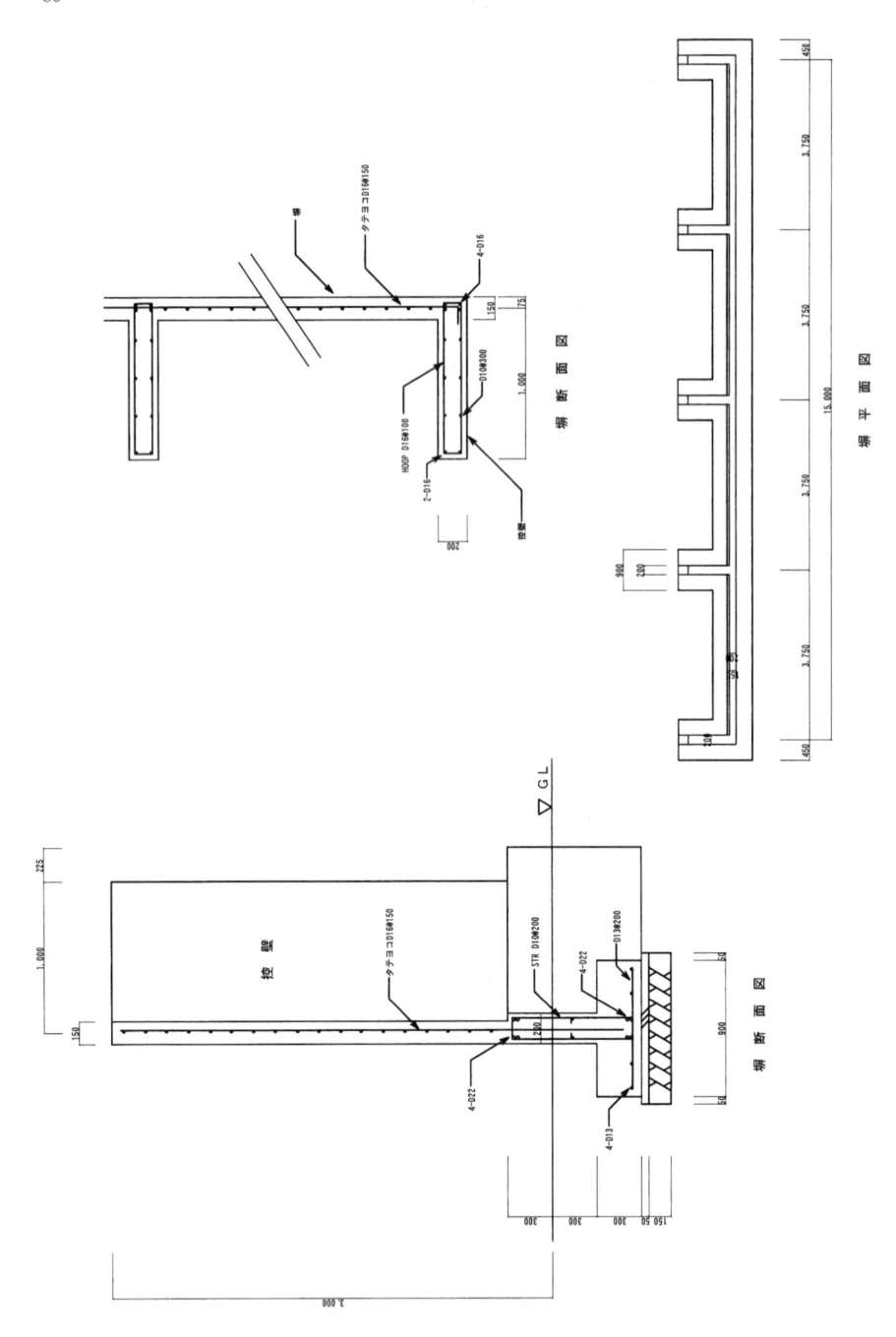

塀平面図

塀断面図

Q-15 一律割合による特別警戒区域の減価率

名称	形状規格	数量	単位	単価	金額	備考
塀工事費						
仮設	やり方、墨出し、足場、清掃等	1	式	120,000	120,000	
根切り	機械	34.3	m³	650	22,295	
砕石事業	再生材	3.3	m³	5,900	19,470	
埋戻し	場内敷き均し	24.2	m³	900	21,780	
残土処分		10.1	m³	1,200	12,120	
捨コンクリート	材料、打設手間	1.1	m³	17,500	19,250	
コンクリート	〃	14.8	m³	16,500	244,200	
型枠	材工	147.4	m²	3,600	530,640	
鉄筋	〃	2.8	t	107,000	299,600	
小計					1,289,355	
諸経費					167,616	
合計					1,457,000	端数処理

Q-16 警戒区域と特別警戒区域における減価

土地評価において，警戒区域と特別警戒区域を別々に減価する必要があるのでしょうか？

A 不動産鑑定評価基準では，地域要因の環境条件において災害発生の危険性の有無が定められていて，過去の災害履歴，災害の種類（洪水・地すべり・がけ崩れ等），対策施設等を総合的に考慮して格差率を判定することになっています。

土地価格比準表（国土交通省土地・水資源局地価調査課）によると，洪水・地すべり等の災害発生の危険性がある場合，減価の目安を1％～5％としています。

別々に減価するかどうかは，地域内にある標準的と判断される画地（以下，標準的画地）が警戒区域の内と外にあるケースで検討します。

(1) 標準的画地が警戒区域内にあるケース

図49は，対象地と標準的画地が警戒区域内にある場合，災害発生の危険性は標準的画地と対象地に反映されています。そのため，標準的画地は災害発生の危険性（環境条件）を有していますので，個別には減価しません。

84～85ページの表をご覧ください。この中で，「地域格差内訳」の「環境条件」に「災害発生の危険性2」の欄があります。近隣地域の標準的画地，取引事例1および2は警戒区域，同3および4は警戒区域外にありますので，同3および4のみ格差を付けています。

一方，特別警戒区域は土砂法第8条により警戒区域内に指定されますので，災害発生の危険性自体は上記で反映されています。特別警戒区域

取引事例一覧表及び標準地明細

採用取引事例一覧

事例番号	所在地 最寄駅	地積 形状	取引時点 類型地目	取引価格 円/㎡	取引事情	画地、周辺の状況等
1	長野市大字○○ ○○駅南西約1.1km (道路距離)	200㎡ ほぼ整形	登記原因日 2009年8月 更地 宅地	単価 53,460 総額 10,690,000円	無	東側幅6m市道 中間画地、平坦地 小規模分譲住宅地域 市街化区域 第1種住居地域 建ぺい率60%・容積率200% 間口約15m・奥行約15m (間口奥行比1:1.1) 上水道、下水道
2	長野市大字○○ ○○駅南西約900m (道路距離)	370㎡ ほぼ長方形	登記原因日 2008年11月 更地 宅地	単価 51,440 総額 19,030,000円	無	西側幅6m市道 中間画地、ほぼ平坦地 一般住宅が多い住宅地域 市街化区域 第2種中高層住居専用地域 建ぺい率60%・容積率200% 間口約32m・奥行約12m (間口奥行比1:0.4) 上水道、下水道
3	長野市大字○○ ○○駅南西方約1km (道路距離)	190㎡ ほぼ整形	登記原因日 2009年7月 更地 宅地	単価 52,110 総額 9,900,000円	無	東側幅6m市道 中間画地、ほぼ平坦地 一般住宅が多い住宅地域 市街化区域 第1種住居地域 建ぺい率60%・容積率200% 間口約14m・奥行約13.5m (間口奥行比1:1) 上水道、下水道
4	長野市大字○○ ○○駅北西約450m (道路距離)	200㎡ ほぼ長方形	登記原因日 2008年6月 建付地 宅地	単価 63,678 総額 12,740,000円	無	東側幅6m市道 中間画地、ほぼ平坦地 一般住宅が多い住宅地域 市街化区域 第1種住居地域 建ぺい率60%・容積率200% 間口12.5m・奥行約16m (間口奥行比1:1.3) 上水道、ガス、下水道
標準地○-1	長野市大字○○ ○○駅約900m (道路距離)	212㎡ 正方形	登記原因日 2010年1月 更地 宅地	単価 56,000 総額 11,870,000円	無	西側幅5m市道 中間画地、平坦地 中規模一般住宅が建ち並ぶ分譲住宅地域 市街化区域 第2種中高層住居専用地域 建ぺい率60%・容積率200% 間口奥行比:1・1 上水道、下水道

時点修正の内容	2008/1/1～2008/12/31		2009/1/1～価格時点	
	取引時点	期間変動率	月数	期間変動率	月数
価格時点	2010/6	－0.16%月率		事例－0.25%月率、ただし標準地は－0.33%月率	
事例1	2009/8	0.0%	0	－2.5%	10
事例2	2008/11	－0.3%	2	－4.3%	17
事例3	2009/7	0.0%	0	－2.8%	11
事例4	2008/6	－1.1%	7	－4.3%	17
標準地	2010/1	0%	0	－1.7%	5

時点修正率査定表　　　　　　　　　　　　　　　　　　　　　　　　　(端数処理)

事例番号	2008/1/1～2008/12/31		2009/1/1～価格時点		①×② (相乗積)
	月率 期間変動率	変動率①	月率 期間変動率	変動率②	時点修正率
事例1	0.0%	100.0%	－2.5%	97.5%	97.5%
事例2	－0.3%	99.7%	－4.3%	95.7%	95.4%
事例3	0.0%	100.0%	－2.8%	97.2%	97.2%
事例4	－1.1%	98.9%	－4.3%	95.7%	94.6%
標準地	0.0%	100.0%	－1.7%	98.3%	98.3%

番号			項目			近隣地域(標準的画地)		取引事例1	
	地積・形状					220㎡ 長方形		200㎡	ほぼ整形
	近隣地域及び事例地の概要					一般住宅が多い中、共同住宅が混在する地域		小規模分譲住宅地域	
①	取引単価							53,460円／㎡	
	取引時点							2009年8月	
②	事情補正							無	100
③	時点修正(一般的要因、地域の状況、需給関係等考慮)					時点修正率詳細は別表1-1参照		時点修正率詳細は別表1-1参照	97.5
④	建付減価							更地	―
	標準化補正	街路条件				標準的		標準的	±0
			小計						±0
		交通接近条件				標準的		標準的	±0
			小計						±0
		環境条件				標準的		標準的	±0
		行政的条件				標準的		標準的	±0
			小計						±0
		画地条件				ほぼ整形 方位：西 中間画地等		ほぼ整形 方位：東 中間画地	±0
			小計						±0
		その他の条件				標準的		標準的	±0
⑤	事例地の標準化補正率（各条件の相乗積）						100	⑤標準化補正率	100
条件		項目	細項目	内訳		格差率			
地域格差内訳	街路条件	道路の種類		国・県・市町村道・私道・農道		市道		市道	±0
		幅員		6m		6m		6m	±0
		配置等		優る・やや優る・普通・やや劣る・劣る		普通		普通	±0
		系統連続性		優る・やや優る・普通・やや劣る・劣る		普通		劣る	-2
		小計							98
	交通接近条件	最寄駅等距離		最寄駅、バス停距離		○○駅約100m		○○駅南方約1.1km	-5
		最寄駅の性格		最寄駅の性格		○○駅		○○駅	±0
		都心部等		都心部・幹線街路接近性		国道約200m		国道約250m	±0
		利便施設等		商業施設距離		金融機関約140m スーパー約650m		金融機関約250m スーパー約350m	±0
		公共施設距離		学校・公園・病院距離		小学校約550m 公園約130m 病院約1.1km		小学校約1.2km 公園約800m 病院約1.6km	-3
		小計				100			92
	環境条件	日照、通風、騒音等		優る・やや優る・普通・やや劣る・劣る		普通		普通	±0
		地勢、地盤		地勢・地盤		傾斜地・やや堅固		傾斜地・やや堅固	±0
		社会的環境の良否		優る・やや優る・普通・やや劣る・劣る		普通		普通	±0
		各画地の面積		優る・やや優る・普通・やや劣る・劣る		普通		優る	+3
		各画地の配置		優る・やや優る・普通・やや劣る・劣る		普通(間口奥行比1:1.3)		普通	±0
		土地の利用度		優る・やや優る・普通・やや劣る・劣る		普通		普通	±0
		周辺の利用状態		優る・やや優る・普通・やや劣る・劣る		普通		劣る	-3
		供給処理施設				水道、下水道		上水道、下水道	±0
		災害発生の危険性1		洪水発生の危険性		無		無	±0
		災害発生の危険性2		土砂災害発生の危険性		土砂災害警戒区域		土砂災害警戒区域	±0
		その他				無		無	±0
		小計				100			100
	行政的条件	区域・地域		市街化区域・非線引都市計画区域		市街化区域		市街化区域	±0
		用途地域		用途地域名		第2種中高層住居専用地域		第1種低層住居専用地域	-2
		建ぺい率、容積率		建ぺい率・容積率(基準容積率)		建ぺい率60%・容積率200%		建ぺい率50%・容積率80%	-2
		規制の程度		有・無		無		無	±0
		小計						100	96
	その他条件	市場性の程度		優る・やや優る・普通・やや劣る・劣る		普通		普通	±0
		小計						100	100
⑥	地域格差率（各条件の相乗積）			街路条件×交通接近条件×環境条件×行政的条件×その他条件			100	⑥地域格差率	87
	参考価格			相続税路線価(H26/1/1)		53千円／㎡		47千円／㎡	

84

Q-16 警戒区域と特別警戒区域における減価

取引事例2		取引事例3		取引事例4		標準地	○-1
370㎡	ほぼ長方形	190㎡	ほぼ整形	200㎡	ほぼ長方形	212㎡	正方形
一般住宅が多い住宅地域		一般住宅が多い住宅地域		一般住宅が多い住宅地域		中規模一般住宅が建ち並ぶ分譲住宅地域	
51,440円/㎡		52,110円/㎡		63,678円/㎡		63,300円/㎡	
2008年11月		2009年7月		2008年6月		2010年1月	
無	100	無	100	無	100	無	100
時点修正率詳細は別表1-1参照	95.4	時点修正率詳細は別表1-1参照	97.2	時点修正率詳細は別表1-1参照	94.6	時点修正率詳細は別表1-1参照	98.3
更地	—	更地	—	建付地	100	更地	—
標準的	±0	標準的	±0	標準的	±0	標準的	±0
	±0		±0		±0		±0
標準的	±0	標準的	±0	標準的	±0	標準的	±0
	±0		±0		±0		±0
標準的	±0	標準的	±0	標準的	±0	標準的	±0
	±0		±0		±0		±0
標準的	±0	標準的	±0	標準的	±0	標準的	±0
	±0		±0		±0		±0
水路隣接	-2	ほぼ整形	±0	ほぼ長方形	±0	正方形	±0
方位：西	±0	方位：東	±0	方位：東	±0	西	±0
中間画地	±0	中間画地	±0	中間画地	±0	中間画地	±0
	-2		±0		±0		±0
地域要因と同じ	±0	地域要因と同じ	±0	地域要因と同じ	±0	地域要因と同じ	±0
⑤標準化補正率	98	⑤標準化補正率	100	⑤標準化補正率	100	⑤標準化補正率	100
市道	±0	市道	±0	市道	±0	市道	±0
6m	±0	4m	-4	6m	±0	5m	-2
普通	±0	普通	±0	普通	±0	普通	±0
普通	±0	劣る	-2	普通	±0	普通	±0
	100		94		100		98
○○駅西方約900m	-4	○○駅北方約1km	-4	○○駅北方約450m	-2	○○駅東方約900m	-4
○○駅	±0	○○駅	±0	○○駅	±0	○○駅	±0
県道約350m	±0	国道約300m	±0	県道約400m	±0	国道約230m	±0
金融機関約1.7km スーパー約600m	-2	金融機関約900m スーパー約450m	-1	金融機関約300m スーパー約850m	-1	金融機関約200m スーパー約330m	±0
小学校約2km 公園約250m 病院約1.6km	-2	小学校約1.3km 公園約700m 病院約1.8km	-3	小学校約400m 公園約150m 病院約850m	+1	小学校約900m 遊園地約100m 病院約850m	±0
	92		92		98		96
普通	±0	普通	±0	普通	±0	普通	±0
傾斜地・やや堅固	±0	傾斜地・堅固	+3	平坦・軟弱	-5	傾斜地・堅固	±0
普通	±0	劣る	-3	普通	±0	普通	±0
劣る	-5	優る	+3	優る	+3	普通	±0
普通	±0	普通	±0	劣る	-3	普通	±0
普通	±0	普通	±0	劣る	-4	普通	±0
劣る	-3	劣る	-2	劣る	-3	優る	+2
上水道・下水道	±0	上水道・下水道	±0	上水道・ガス・下水道	±0	上水道・下水道	±0
無	±0	無	±0	浸水想定区域	-2	無	±0
土砂災害警戒区域	±0	無	+3	無	+2	土砂災害警戒区域	±0
無	±0	無	±0	無	±0	無	±0
	92		104		88		102
市街化区域	±0	市街化区域	±0	市街化区域	±0	市街化区域	±0
第2種中高層住居専用地域	±0	第1住居地域	±0	第1種住居地域	±0	第2種中高層住居専用地域	±0
建ぺい率60％・容積率200％	±0	建ぺい率60％・容積率200％	±0	建ぺい率60％・容積率200％	±0	建ぺい率60％・容積率200％	±0
無	±0	無	±0	無	±0	無	±0
	100		100		100		100
普通	±0	普通	±0	普通	±0	普通	±0
	100		100		100		100
⑥地域格差率	85	⑥地域格差率	90	⑥地域格差率	86	⑥地域格差率	96
42千円/㎡		47千円/㎡		49千円/㎡		53千円/㎡	

比準価格試算表及び規準価格試算表

事例番号	取引価格 (円/m²) ①	事情補正 ②	時点修正 ③	建付減価の補正 ④	標準化補正 ⑤	推定価格:Ⅰ (円/m²) ①×②×③×④×⑤	地域要因の比較 ⑥	推定標準価格 (円/m²) Ⅰ×⑥	標準的価格決定及び理由:Ⅱ (円/m²)	比準価格の決定 (円/m²)
1	53,460	100/[100]	[97.5]/100	100/—	100/[100]	52,124	100/[87]	59,913	標準的画地 58,400	比準価格 58,400
2	51,440	100/[100]	[95.4]/100	100/—	100/[98]	50,075	100/[85]	58,912	理由 事例の内、規範性の高いのは1～3である。1～3の標準化補正率は小さく、地域格差率は妥当な範囲に収まっている。そこで、事例1～3のほぼ中庸値をもって標準的価格と決定した。	
3	52,110	100/[100]	[97.2]/100	100/—	100/[100]	50,651	100/[90]	56,279		
4	63,678	100/[100]	[94.6]/100	100/100	100/[100]	60,239	100/[86]	70,045		
標準地	56,000	100/[100]	[98.3]/100	100/—	100/[100]	55,048	100/[96]	57,342	標準的画地 57,300	規準価格 57,300

比準価格の決定

58,400 (円/m²)

(注)

比準価格

58,400 (円/m²) × 0.7 ≒ 40,900 (円/m²)

(注) 個別格差率 (行政的条件) : 特別警戒区域 0.7

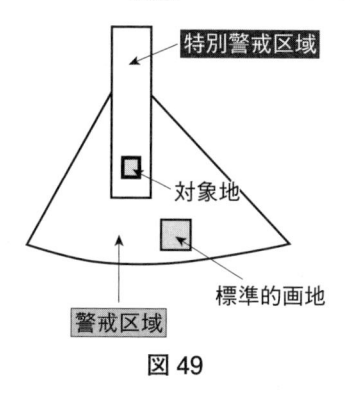

は，主として建築制限に伴う規制ですので個別格差率にて減価します。

したがって，このケースでは，特別警戒区域を個別格差にて減価することになります。

(2) 標準的画地が警戒区域外にあるケース

図50は，標準的画地が警戒区域外にあり，警戒区域内に対象地があるケースです。(1)とは逆に，標準的画地は災害発生の危険性は含みませんので，地域格差において環境条件の災害発生の危険性で減価します。次に，個別格差の行政的条件において建築制限または特別警戒区域項目で減価します。

したがって，このケースでは，地域格差率の環境条件と個別格差率の

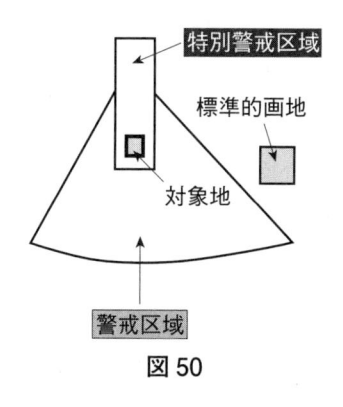

行政的条件において別々に減価することになります。ただし、評価案件（競売等）によっては、警戒区域・特別警戒区域項目で一括減価することもあるでしょう。

京都市固定資産評価要綱（平成24年度・附表18）では、標準宅地が警戒区域にあり、対象地（評価地）が特別警戒区域にある場合は30％減価補正、標準宅地が警戒区域外にあり対象地が特別警戒区域にある場合は40％減価補正する旨が定められています。したがって、対象地が警戒区域にある場合、10％減価補正して土砂災害リスクを固定資産評価に反映させています。

珍しいケースですが、標準的画地そのものが特別警戒区域に指定されていることがあります。たとえば川とがけに挟まれた狭い地域ですと、全土地に警戒区域・特別警戒区域が指定されてしまいます。その場合は、地域格差に災害発生の危険性および建築制限が反映されるので、個別格差で減価しないことになります。

(3) 取引実態

実務上、図51の住宅分譲地で、(E)地、(F)地、(G)地は警戒区域内、その他は警戒区域外にあったとします。分譲価格は、(E)地、(F)地、(G)地が警戒区域に入っているので必ず安くなるかといいますと、そうともいえない面があります。たとえば、南向きで日当たりがよかったり、面積が小さく手頃であったりしますと、逆に単価が高いこともあります。

実際、警戒区域内外（土石流型）が混在している売出中の新規分譲住宅地の売出単価を比較（平成26年度・2箇所）してみましたが、警戒区域を理由とした明確に低いものはありませんでした。

ただ、毎年起きる土石流やがけ崩れ災害の影響からでしょうか、土砂災害リスクに対する購入者の関心は年々高まっています。今後は、警戒区域内外で価格差が生じていく可能性があります。

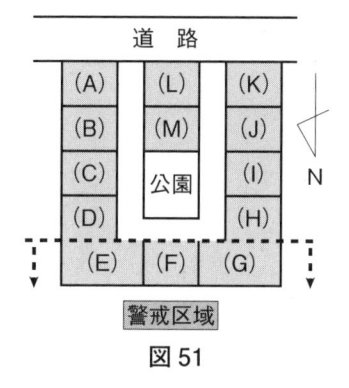

Q-16 警戒区域と特別警戒区域における減価　89

```
            道　路
        ┌───┬───┬───┐
        │(A)│(L)│(K)│
        ├───┼───┼───┤
        │(B)│(M)│(J)│
        ├───┼───┼───┤    ↑
        │(C)│公 │(I)│    N
        ├───┤園 ├───┤
        │(D)│　 │(H)│
        ├┄┄┼───┼┄┄┤
        ┊(E)│(F)│(G)┊
        └┄┄┴───┴┄┄┘
          警戒区域
```
図 51

　土石流以外でも，水害地帯，地すべり地帯にある土地は広範囲に及ぶこともあって，災害発生の危険性が土地価格に内包していることが通常です。

　たとえば水害地帯の住宅分譲地は，水害のない住宅分譲地と比べて安くなっていることが多いと思われます。しかし，過去の災害により河川の改修工事，貯水池の整備等の浸水対策をおこなった所は，地域が発展してスーパーマーケットや分譲住宅地域ができるなど，水害のない住宅地より価格が高くなることがあります。不動産の価格差は常に同一ではなく，地域の状況に左右されやすい面があります。

(4)　警戒区域の重複

　図 52 と図 53 は，警戒区域が重複指定されている例です。図 52 は土石流とがけ崩れの重複，図 53 は土石流の重複がありますので，災害発生の危険性が高くなります。

　以前に，傾斜地に建つ工場を評価した際，警戒区域が重複しているので土石流型の警戒区域の減価は地域の標準的画地に反映させ，急傾斜地型の警戒区域は個別格差（▲2％）で考慮したことがあります。

　ただ，がけ下部に対策施設があったり，急傾斜地崩壊危険区域に指定されていたり，えん堤が完成していたりすれば，減価率が単純に倍にな

図52

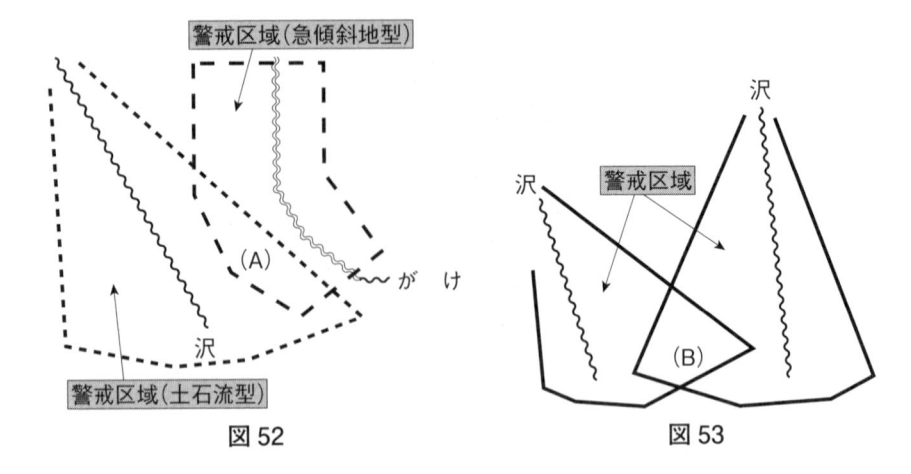

図53

るとは言いにくい面があります。

Q-17 特別警戒区域と他の要因による減価の併用と均衡

固定資産評価上，特別警戒区域と都市計画道路・建築困難地・がけ地・急傾斜地崩壊危険区域などによる減価は併用できますか？

A 各所要の補正率の併用ができるかどうかは固定資産評価に大きな影響を及ぼしますので，自治体によっては併用の有無や連乗禁止早見表を定めていることがあります。

たとえば固定資産評価要領において，「がけ地等補正，無道路地補正及び通路開設補正，高架線下地補正，高圧線下地補正，建築困難地補正並びに特別規制区域補正（土砂災害特別警戒区域）のそれぞれの条件に該当する場合には，原則としてこれらの連乗は行わず，いずれか補正率の小さいものを適用するものとする。」と規定している自治体があります。

(1) 都市計画道路

特別警戒区域および都市計画道路による所要の補正を，それぞれ面積割合にて実施する場合が考えられます。

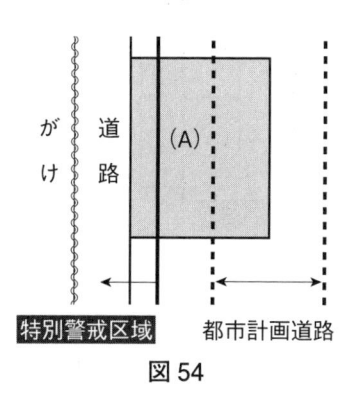

図 54

図54 は，(A)地に都市計画道路（都市施設予定地。補償制度あり）と特別警戒区域の両方がかかる例（標準的画地前提）です。どちらも建築規制を伴いますが，特別警戒区域の範囲と都市計画道路の範囲は異なります。両方を面積割合によって減価している場合，併用できると思われます。面積に関係なく一律減価している場合でも，減価率がそれぞれ小さい場合は，評価の均衡上，併用可能と思われます。

また，(A)地全部が都市計画道路内で，特別警戒区域が一部にかかる場合，減価率の大きい方を採用する自治体があります。

都市計画道路の減価率が非常に大きい自治体（例：最大▲50%）がありますので，詳細は各自治体で固定資産評価事務取扱要領や土地評価基準を定める必要があります。

(2) 建築困難地

図55 は，建築基準法上の道路ではない幅1.5m の道路に接する土地（都市計画区域）で，がけ下から太線までが特別警戒区域に指定されています。

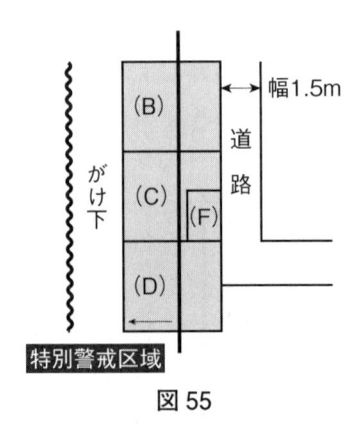

図55

建築困難な土地にかかる減価補正率を▲20%（0.8），特別警戒区域の減価補正率を一律▲30%（0.7）としている場合，(B)地の減価補正率は

▲20％,▲30％,▲44％（相乗積1 − 0.7 × 0.8）のどれに該当するのかが検討事項となります。

　どちらも建築制限に伴う減価ですが，評価の均衡をとる必要があります。たとえば，無道路地と都市計画道路，無道路地と道路高架下を併用できる運用をしている場合，特別警戒区域だけ併用できないとすると，評価の均衡を欠く可能性があります。ただし，各減価補正率が大きい場合は別です。

　自治体によっては，最大減価補正率（限界補正率）を固定資産評価事務取扱要領や土地評価基準で定めていることがあります。たとえば，最大減価補正率を▲40％と規定している場合，図55の(B)地は減価補正率が▲40％となります。

　なお，奥行価格，不整形（図55の(C)地），奥行長大，間口狭小の減価補正率は，別途必要な場合があります。

(3) がけ地

　図56は，がけ（擁壁あり）下にありながら，がけも有している土地です。がけ地と特別警戒区域の指定範囲は別ですので，面積割合を採用している場合，それぞれの減価が必要となります。また，一律による特別警戒区域を採用しているときでも，平坦地に新たな建築規制がかかる

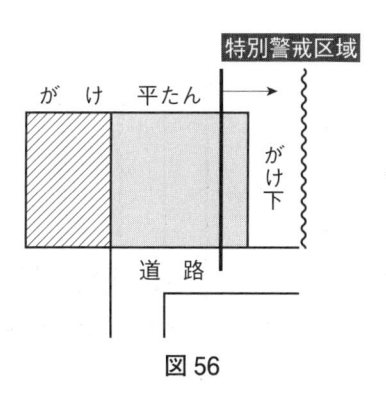

図56

ので併用は可能と考えられます。

(4) 急傾斜地崩壊危険区域

急傾斜地崩壊危険区域と特別警戒区域が重複した場合，減価を両方すべきか，片方のみにすべきかの問題が生じます。

通常，急傾斜地崩壊危険区域が指定されると，災害危険区域も連動して指定されます（長野県等を除く）。災害危険区域では建築制限が生じますので，がけ地補正を準用して急傾斜地崩壊危険区域の補正率を定めている自治体や，急傾斜地崩壊危険区域のほとんどは擁壁等対策工事がされて建築可能なため，減価補正率が小さい，あるいは減価補正なしの運用をしている自治体があります。

重複指定があった場合，がけ地補正率を準用していると減価補正率が大きいので，特別警戒区域との併用はしないと定めている自治体があります。

また，急傾斜地崩壊危険区域の減価補正率が小さい自治体は，評価の均衡上，併用もしくは減価補正率の大きい方を採用しています。

たとえば，急傾斜地崩壊危険区域の減価補正率を面積割合により▲10％，特別警戒区域を一律▲30％と定めている場合（図57参照），減価補正率は下記の3種類が考えられます。

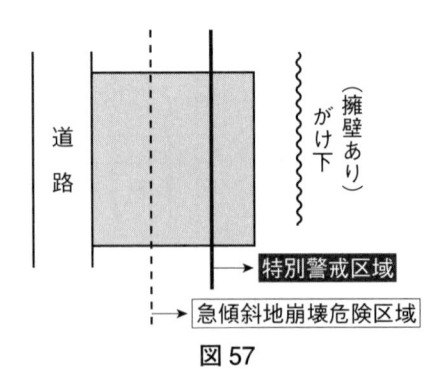

図57

① 併用する方法：▲37%（1 − 0.9 × 0.7）
② 減価補正率大を採用：▲30%
③ 急傾斜地崩壊危険区域を優先：▲10%

　安全な擁壁が設置されていれば，災害危険区域とはいえ建築が可能ですので，このケースでは②とする自治体があります。常に併用できるとは限りません。

　いずれにしろ，固定資産評価事務取扱要領，同評価要領，土地評価基準で最大減価率（最小補正率）を定めておく必要があります。

(5) 均　衡

　敷地に特別警戒区域がかかる場合，無道路地，建築困難地，高架線下地，著しい低・高地等の大きい減価率と均衡をとる必要があります。

　図58の(A)地は特別警戒区域にかかっていますが，建物を鉄筋コンクリート造にしたり，防護柵等を設置したりすれば建物が建てられるのに対し，(B)地は建築基準法上の道路に接しない土地であり，建築・改築が困難な状況にあることを示しています。

　(A)地の減価率を40%，(B)地の減価率を20%としている場合，(B)地の方が単価が高くなってしまいます。

　また，私道に路線価が付されていて，建築困難による減価や街路条件（行き止まり等）による減価が路線価に反映されている場合でも均衡を得ていないことが考えられます。そのため，特別警戒区域の減価率は大き

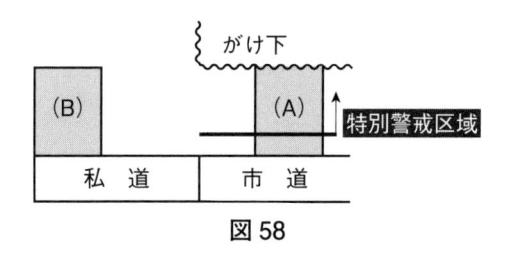

図58

ければいいものでもなく，他の減価率と均衡がとれているかを考えてみる必要があります。

<参考文献>
○大阪市固定資産評価実施要領（第1　土地の評価）（平成24年度）―評点算出法及び所要の補正の併用の可否
○佐倉市固定資産（土地）評価要領（平成21・24年度）―補正等連乗禁止早見表
○平成24基準年度・名古屋市土地評価事務取扱要領―（別表18）都市計画施設予定地補正率表

Q-18 特別警戒区域で考慮される地目

固定資産評価において，特別警戒区域の所要の補正を実施している自治体によっては，土地の地目を限定していたり，全域に適用しなかったりする自治体があると聞きました。どういうことですか？

A　(1) 地目

　固定資産評価において，警戒区域・特別警戒区域における「所要の補正」の対象となる土地の地目（課税）は，宅地のみ，または宅地および限定した雑種地（宅地比準土地）が多いと思われます。

　中には，市街化区域農地，宅地介在農地および介在山林を含める自治体もありますが，筆者の調査によれば，純農地（一般農地）・純山林を含める自治体はありませんでした。純農地山林に建築制限を課して減価補正をする理由（土砂法は適切な避難が目的の一つ）に乏しいからと思われます。

　雑種地の種類は，駐車場，資材置場，グラウンド，テニスコート，ゴルフ練習場，キャンプ場，私道，未造成別荘地，遊園地，鉄軌道敷，ソーラーパネル敷地等，数多くあります。

　課税上，雑種地全てを同一の評価方法によるのではなく，宅地化に近い宅地比準土地（駐車場，テニス場等）と，宅地化にほど遠い土地（未造成土地等）に分けているのが通常です。

　宅地比準土地に，宅地同様，画地計算（奥行価格・間口狭小・奥行長大・不整形補正等）や所要の補正を実施し，評価していることがあります。

　本来，一画地一地目が原則ですが，利用上の観点から宅地と雑種地を一画地認定している場合（図59参照）や，建物が取り壊された場合（再

図59

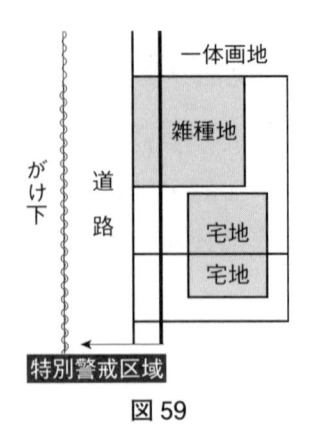

建築なし）に雑種地を理由として特別警戒区域補正をはずしにくいことも背景にあると思われます。

また，各自治体で高圧線下地補正，都市計画予定地（道路・公園等）の所要の補正率を適用する地目に雑種地を含めている場合は，特別警戒区域の補正率を除く理由が必要でしょう。

仮に，雑種地による所要の補正率に建築制限に伴う減価が十分に反映されている場合（例：▲50%）で，各自治体の固定資産評価事務取扱要領や土地評価基準に規定（最小補正率）があれば，評価の均衡上，雑種地のみ補正しない考え方もあると思われます。

(2) 補正の対象となる土地の範囲

補正の対象となる土地の範囲は，各自治体全域とする場合が多いと思われます。中には，「市街地宅地評価法」により評価された土地のみと限定し，「その他の宅地評価法」を除いている自治体も見受けられるほか，暫定的に「市街地宅地評価法」のみ適用している自治体もあります。

通常，「市街地宅地評価法」は都市部の市街地およびその周辺に，「その他の宅地評価法」は郊外および山間部としている自治体が多くあります。「その他の宅地評価法」による評価対象となる土地（標準宅地）の

価格水準は低く，諸価格形成要因（災害発生の危険性を含む）を価格水準に内包していることが多く見受けられます。

　そのため，自治体によっては，「その他の宅地評価法」の適用地域において，一部の所要の補正（例：高低差，水路介在等）を除外して運用していることがあります。

　一方，雑種地（宅地比準土地）の場合は，特別警戒区域による所要の補正を「市街地宅地評価法」のみに限定している自治体があります。

　いずれにしろ，各自治体で地目別や評価法別に所要の補正の適用の可否を検討しておく必要があるでしょう。

＜引用・参考文献＞
○内藤武美「建築制限を受ける土地の『所要の補正』について～風致地区・土砂災害特別警戒区域・急傾斜地崩壊危険区域・建築困難～」『資産評価情報』200号（2014年5月号），一般財団法人資産評価システム研究センター
○京都市固定資産評価要綱（土地編）・京都市固定資産評価要領（土地編）平成24年度
○大東市固定資産（土地）評価基準取扱要領（平成24年3月改訂版）
○平成24年度佐倉市固定資産（土地）評価要領

○七尋石

　長野県小諸市の蛇堀川上流右岸に巨石（七尋石）があります。

　地表に出ている高さを逆目盛検測桿で測りましたら 5m 程度ありました。

　尋とは，長さの単位で，両手を広げた程度，曲尺でおよそ五尺（約 1.5m）ないし六尺（約 1.8m）のことです（大辞林第三版）。

　1532 年（室町時代）に浅間山の噴火がありました。

　気象庁のサイトによると，「噴石は火口の周囲 8 kmにわたり落下，直径 25m 以上の『七尋石（ななひろいし）』が残っている。」とあります。これは，江戸時代の井出道貞（1756-1839）による『天明信上変異記』の記述が基になっているものと思われます。佐久市臼田の神官であった井出は，ほかに『信濃奇勝録』を記しています。

　また，噴火によって発生した泥流により七尋石を押し出したとする説（八木貞助，1929 年）もあります。

　後に，1783 年の噴火で発生した火砕流（熱泥流）により運ばれた巨石（直径 30m・高さ 5m）もあるようです（小諸市誌編集委員会『小

諸市誌自然編』p.173)。

　浅間山の火口から七尋石の位置まで約 7.5km (直線距離) ありますが，噴石あるいは泥流 (土石流，火砕流) によってここまで押し流されたこの石は，いったい何トンまたは何キロニュートンあるのでしょうか？

＜引用・参考文献＞
八木貞助「浅間山」昭和4 (1929) 年，信濃郷土文化普及会
早川由起夫・中島秀子「史料に書かれた浅間山の噴火と災害」
＜参考サイト＞
気象庁（浅間山　有史以降の火山活動）
http://www.data.jma.go.jp/svd/vois/data/tokyo/306_Asamayama/306_history.html

Q-19 特別警戒区域の影響を路線価に反映

私が住んでいる自治体は，固定資産評価において特別警戒区域の所要の補正率を適用しないで路線価に織込み済みと言っています。これは，どういう意味ですか？

A これは，特別警戒区域による減価要因が固定資産評価の路線価に反映しているため，あえて所要の補正を実施しないということを指しています。

(1) 固定資産評価における路線価

各自治体の都市部を中心とした市街地およびその周辺には，固定資産評価上の路線価が付設されていて，ネット上（資産評価システムセンター・地価マップ）で閲覧が可能（都市部中心）です。通常，国税局の相続税路線価より広い範囲になっていることが多いでしょう。

固定資産評価上，路線価には，道路幅員・連続性，駅・公共施設への接近性，容積率，その他の規制等の要因が反映されています。所要の補正項目に嫌悪施設（変電施設等）がないとき，嫌悪施設への接近性を考慮して路線価を定めていることもあります。それに，地価変動が続いている地域では，路線価は毎年見直されています。

(2) 路線価に反映

固定資産評価上，所要の補正が適用されていませんが，路線価に反映している要因があります。

たとえば，図60は，道路に接面する(A)地と水路を介在して道路に接面する(B)地を表しています。

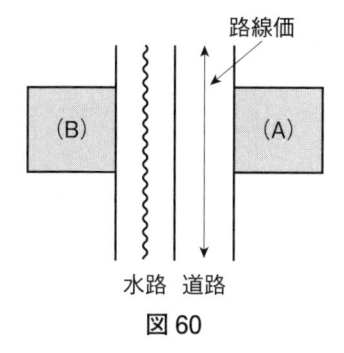

Q-19 特別警戒区域の影響を路線価に反映　103

```
         路線価
    ┌─┐  ↕  ┌─┐
    │(B)│   │(A)│
    └─┘     └─┘
       水路 道路
        図60
```

　自治体に水路の介在による所要の補正がない場合，減価要因は路線価に反映されている可能性があります。ただし，地域に水路が多く配置されていたり，水路幅が短かったりする場合，減価するほどではないと判断されたときは，路線価に反映されませんが，画地計算（例：間口を2mとする）で配慮されることもあります。

(3)　具体的事例

　図61は，特別警戒区域の指定のないがけ下付近の路線価ですが，がけ下という要因が路線価に反映されていないケースです。

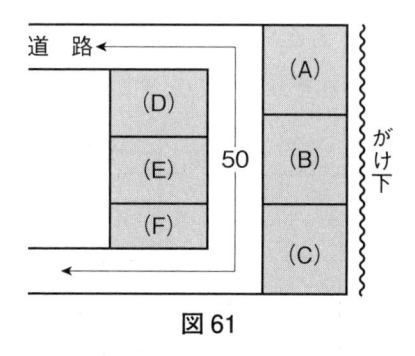

```
  道路
   ┌──┐ ┌──┐
   │(D)│ │(A)│ が
   ├──┤ ├──┤ け
   │(E)│50│(B)│ 下
   ├──┤ ├──┤
   │(F)│ │(C)│
   └──┘ └──┘
```
図61

　図62は，特別警戒区域の指定のないがけ下付近の路線価（48千円）が付近の路線価（50千円）より少し低いケースです。これは，がけ下に近接している要因が路線価に反映している可能性があります。がけ下で

図62

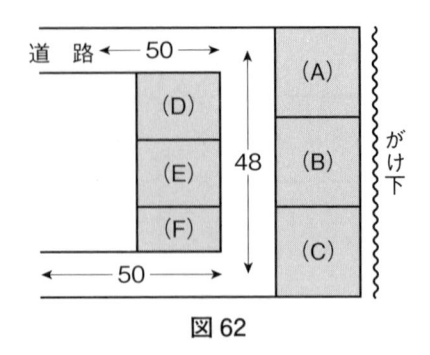

も，がけ崩れの対策施設（擁壁，法枠工）がある場合，がけ崩れ災害の危険性は低くなりますので，その点も考慮されて路線価が付設されます。

なお，がけ下付近の規制は(D)地，(E)地，(F)地にも及ぶ場合がありますので，(A)地，(B)地，(C)地と同じ路線価になっています。

特別警戒区域に指定されている場合，路線を二重にすることがあります。たとえば，相続税路線価において大工場と住宅が同じ路線に接する場合や用途地域が異なる場合，同一路線に路線価が二重に付設されているケースをよく見かけます。

図63の(A)地，(B)地，(C)地の路線価を35千円，(D)地，(E)地，(F)地の路線価を50千円とした場合，(A)地，(B)地，(C)地の路線価は▲30％になっています。この路線だけ大きく下げる要因（幅員・建築困難等）がほかにない場合，路線価に特別警戒区域の影響が反映していることになりま

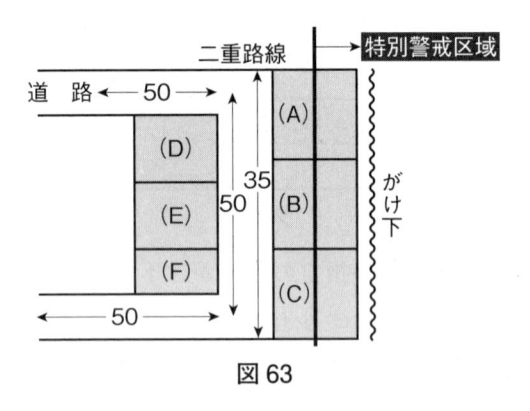

図63

す。

　ただし，路線価は，周辺の付設状況，バランス，他の価格形成要因等が考慮されて付設されますので，特別警戒区域の路線価だけ大幅に減価すればいいものでもありません。

　たとえば図64で，特別警戒区域がかかる(E)地の路線価を42千円とした場合，特別警戒区域にかからない(F)地の路線価（40千円）や，がけ下でない(D)地の路線価（45千円）とのバランスが問題となります。

　(D)地，(F)地は，すでに街路条件（幅員が狭く，行き止まり道路）などが考慮されていますから，所要の補正のように単純に下げますと，周辺の路線価とのバランスが崩れます。

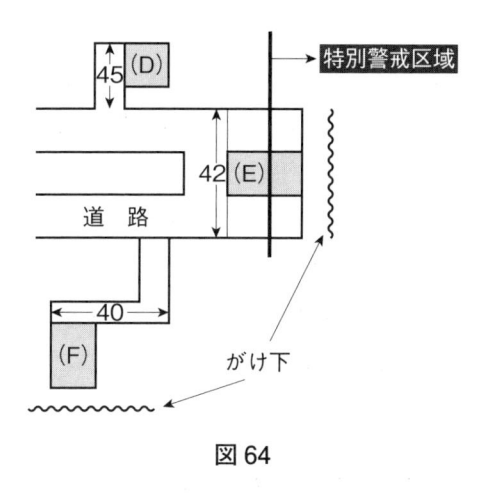

図64

　図65は，特別警戒区域に入るがけ下付近の路線価が21千円，がけからやや離れた特別警戒区域に入らない路線価が30千円のケースです。工場は別途路線価が付設されていますので二重路線となっています。敷地が特別警戒区域に入る路線価は▲30％も安く，道路がやや狭いという要因はありますが，がけ下という要因が路線価に大きく影響を及ぼしていると考えられます。

　しかし，この価格バランスが特別警戒区域の指定前から同じ場合は，

図 65

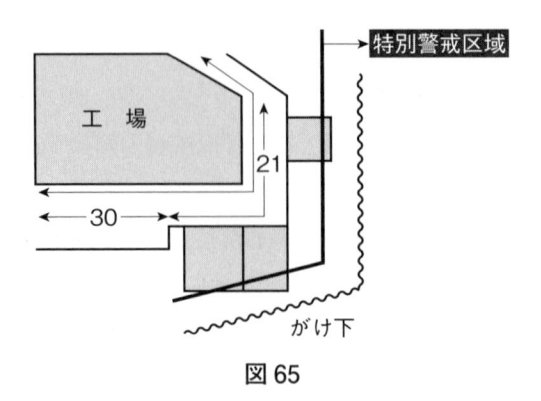

21千円の路線価をいったん上げて特別警戒区域の所要の補正率を実施するのは難しいケースでしょう。

図66は，各画地にかかる特別警戒区域がバラバラのケースで，実務上このような指定は多いと思われます。(G)地，(H)地，(I)地，(J)地，(K)地，(L)地に接する路線価を大きく下げますと，特別警戒区域による減価の必要のない(N)地が恩恵を受けてしまいます。

また，(M)地と(O)地との間の路線価でも同様な問題が生じますが，二重路線にしますと路線が増え煩雑になります。

このような地域では，路線価付設により特別警戒区域の減価を反映することは非常に困難と思われます。

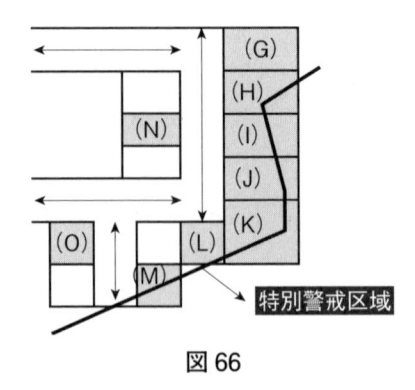

図 66

Q-20 警戒区域の指定による危険性の急浮上の是非

私の住宅地が警戒区域に指定されました。土砂災害の危険性が急浮上したように思えますが？

A 土砂災害の危険性は、その地域において潜在的に内包していることがあります。たとえば、土砂災害危険箇所に指定されていたり、過去に土砂災害があったりした地域は、危険性が急浮上しないと思われます。

そのいい例が水害です。過去に水害があった場所は、対策工事が実施されても水がつきやすいことに変わりはありません。したがって、新たに浸水想定区域（水防法）に指定されても危険性は急浮上しませんので、警戒区域の指定と似ています。

(1) 土砂災害危険箇所の指定

警戒区域の指定前から扇状地やがけ付近からやや離れた所にある土地は、土砂災害危険箇所（土石流危険渓流・急傾斜地崩壊危険箇所・地すべり危険箇所）に指定されている場合が多いのが実情です。

指定前から土石流・がけ崩れ・地すべり発生の危険性はありますから、警戒区域の指定と同時に危険性が急浮上することはありません。

ただし、土砂災害危険箇所に指定されておらず、過去に災害がないところへ警戒区域が指定された場合、災害発生の危険性が浮上することがあります。実際、土石流危険渓流（土石流危険区域を含む）でない谷が警戒区域に指定されたり、急傾斜地崩壊危険箇所でない斜面が警戒区域に指定されたり、地すべり危険箇所でない緩斜面が警戒区域に指定されたりすることがあります。

以前，筆者が調査しているときに，近所の人から，"あの緩やかな斜面が地すべりを引き起こすなんて信じられない"と失笑されました。

　過去の土砂災害発生箇所に関して興味深い資料[*1]（国交省）があります。それは，2004年～2006年に起きた人的被害発生63箇所の過去に発生した年（大正以降）を調査した結果，96年以上災害のなかった割合は90%にもおよんでいたことです。過去の災害だけでなく，地形によっては，地域の住民も知らない災害が発生する危険性が潜んでいることがあります。

　ここ数年，不動産物件の広告や公売物件の調書等に土砂災害危険箇所の表示を見かけることが増えました。

　これは，土砂災害リスクを事前に知っておいてもらう趣旨ですが，中には，「道路を挟んで急傾斜地崩壊危険箇所に指定（区域外）」や「急傾斜地崩壊危険箇所に近接」といった近接地に指定したものまで表示していた物件があります。この背景には，土砂災害危険箇所の指定図面の縮尺（1/25,000）が大きく，指定内外の区別がはっきりしないことがあります。その点，土砂法の警戒区域・特別警戒区域の指定図の縮尺（通常，1/2,500）の方が大きいのでよくわかります。

(2) 基礎調査の公表

　以前から，警戒区域・特別警戒区域の指定の予定図面は公表されておらず，閲覧もときには困難でしたが，2014年6月の土砂法の改正に伴い，基礎調査の結果が今後公表されることになりました（2014年10月14日閣議決定）。事前に警戒区域・特別警戒区域の範囲がわかれば，住宅の購入者は土砂災害リスクの情報が得られますし，購入後に指定されて不

[*1] 「中長期的な展望に立った土砂災害対策に関する提言～死者ゼロの実現を目指して～」p.8, 第3回土砂災害対策懇談会, 資料1-2参考資料・2007年5月21日, 国土交通省砂防部

満を持つことも少なくなると思われます。

　不動産鑑定士も，基礎調査の段階の図面を必ず閲覧しなければならない時代となりました。

(3)　評価事例

　図67のような斜面を造成した工場の敷地の評価案件がありました。急傾斜地崩壊危険箇所の指定（斜面下部に擁壁があるため，がけ条例のクリアを前提）はありましたが，警戒区域・特別警戒区域の指定はありませんでした。敷地の多くは警戒区域に指定され，僅かに特別警戒区域が指定される可能性が予想されましたので，急傾斜地崩壊危険箇所による減価（地域格差）をおこないました。その後，警戒区域のみに指定されましたが，再評価の際，新たに警戒区域の減価はしませんでした。

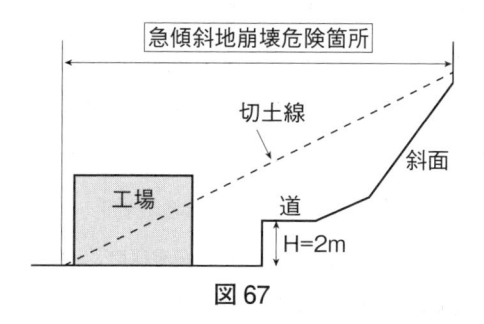

図67

　急傾斜地崩壊危険箇所の減価によって土砂災害リスクは価格に反映されていますから，警戒区域の指定に伴う新たなリスクは発生していない例でしょう。

(4)　固定資産評価における警戒区域の減価補正

　固定資産評価において，警戒区域の指定にともない所要の補正で減価をする自治体があります。この場合，警戒区域の指定にともない土地価格は下がりますが，それと危険性の浮上とは趣旨が異なります。所要の

補正は，評価の均衡を図ったり，個々の土地における個別的要因を評価に反映させたりするためにおこなわれるからです。

(5) 裁決事例

　次の裁決事例は，建設業者が土地を取得後，地すべり防止区域に指定されたため，取得価格と不動産鑑定評価額の差額を評価損として計上しようとしたところ，税務当局から否定された事例です。

　ただし，裁決には土砂災害危険箇所たる地すべり危険箇所指定の有無はありませんでしたので，詳細は不明ですが，参考までに掲載します。

- ○平成15年4月24日裁決，『裁決事例集』No.65, p.387
- ○事案：建設業者が分譲マンションの建設用地（南向き急斜面）として取得した土地（棚卸資産）が地すべり防止区域に指定されたため，評価損を計上しようとしたところ否認された。
- ○評価損が計上できる場合（法人税法施行令第68条）：当該資産が災害により著しく損傷／当該資産が1年以上遊休状態（陳腐化）／当該資産がその本来の用途に使用することができないため他の用途に使用／当該資産の所在する場所の状況が著しく変化。
- ○購入価格1億2,891万円，鑑定評価額6,000万円，評価損6,891万円。
- ○対象地から300mの所で地すべりが発生したため，付近一帯を地すべり防止区域に指定。
- ○結論：対象地は地すべりを起こしておらず，土地の性状等が変化したとは認められないため，評価損として計上できる理由に該当しない。

```
＜参考サイト＞
○国税不服審判所
　http://www.kfs.go.jp/service/
```

Q-21 警戒区域・特別警戒区域の指定の解除と土地の評価

警戒区域・特別警戒区域の指定が解除された場合，土地の評価はどうなりますか？

A 通常，えん堤，擁壁等の対策工事が完了すると，特別警戒区域の指定のみが解除されます。したがって，特別警戒区域の減価がされている土地の評価額は上昇します。

(1) えん堤

土石流を防ぐえん堤（砂防ダム）や，がけ崩れを防ぐ擁壁・法枠工ができると，著しい危険性がなくなるため，通常，特別警戒区域の指定が解除されます。

2005年・広島市佐伯区で，えん堤の完成により土石流型の特別警戒区域の指定が解除されて以来，全国各地で毎年，指定の解除がなされていますが，地形自体に変更のないケースが大半のため，警戒区域の指定は残されています。

写真20は，沢（幅0.5m程度）に建設された小規模なえん堤です。帯状の特別警戒区域が指定されていましたが，えん堤の完成により解除されています。

ただ，古い時期に設置されたえん堤は，対策施設としては不十分なため，特別警戒区域が指定されます。特に古い治山ダムは土石流の直撃を想定していないため，破壊される例が報告[1]されています。

---

[1] 社団法人土木学会・地盤工学委員会・斜面工学研究小委員会「2009年7月山口豪雨災害調査報告書（速報版）」2009年9月，上田南川の例が報告

写真 20

　資料[*2]によると，長野県のえん堤（200基）を現行基準に基づき安定計算をおこなったところ，1958年以前，1976年以前，およびそれ以降の3つの時期で安定性は区分されることや，1980年以前の砂防設備の劣化・損傷が卓越していることがわかっています。

　古い時期に設置されたえん堤は，写真21のように沢のわずかな部分にしか対策工事がされていなかったり，土砂が溜まって満杯であったりすることがあるので，対策施設としては不十分なことがわかります。

　写真22は，山間部の沢上流に設置されたえん堤ですが，えん堤下流に特別警戒区域が指定されています。沢や川が長いと，上流にえん堤をつくっても，中・下流に土石流発生の可能性[*3]があったり，えん堤直

[*2] 長野県建設部砂防課（田中秀基・細川容宏・小笠原和吉），一般財団法人砂防フロンティア整備推進機構（星野和彦・廣瀬隆浩）「砂防堰堤の経年劣化・損傷の傾向に関する考察」

[*3] 水山高久・石川芳治・栗原淳一「昭和63年7月広島県加計町に発生した土石流災害」新砂防 Vol.41, No.3によると，土石流は同一渓流（流域面積0.7km²）の上流（9名死亡）と下流（1名死亡）に被害をもたらした。

Q-21 警戒区域・特別警戒区域の指定の解除と土地の評価 113

写真 21

写真 22

*4 国土交通省砂防部「最近発生した土砂災害の特徴と課題」p.12, 資料-2, 2004年・徳島県池田町やまだの谷の事例

下が未整備*4 のため，土石等があふれたりすることがあります。

(2) 対策工事

　警戒区域・特別警戒区域に指定されたがけを含む一体が開発（例：住宅用地）されて 30 度未満の勾配になったり，高さ 5 m 未満になったりした場合，指定要件には該当しなくなりますので，警戒区域・特別警戒区域の両方の指定が解除されます。

　図 68 *5 は，このような開発により広島県福山市で実際に解除された事例です。

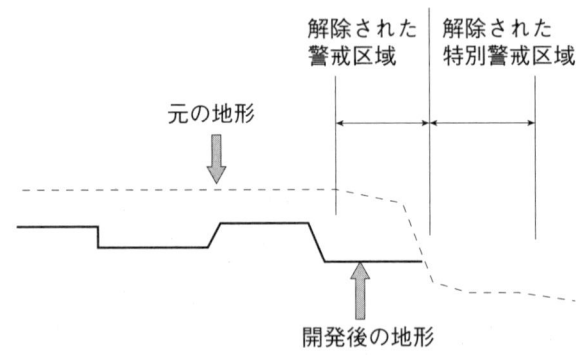

図 68　特定開発行為の許可事例

　図 69 *6 は，特別警戒区域を含む地域（静岡県静岡市）で宅地分譲が計画されていましたが，基準を満たす対策工事（重力式擁壁 H=4.3m～5.7m，L=40m）を実施する計画であったため開発が許可されました。開発行為完了後，特別警戒区域が部分解除（2011 年 10 月）されています。

　ただ，警戒区域の指定までも解除される例は急傾斜地型に散見される

---

*5 草野慎一・中本俊幸・井場宏樹「広島県における土砂災害防止法に基づく対策の現状と今後の課題」図 5，広島県砂防課
*6 国土交通省「土砂災害防止法」p.55，2011 年度政策レビュー結果（評価書）（案），2012 年 3 月

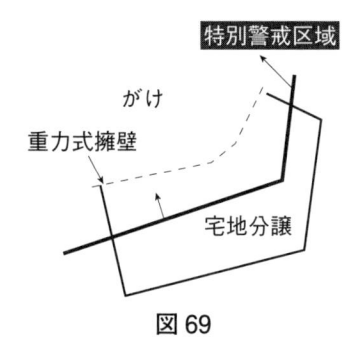

図69に、特別警戒区域、がけ、重力式擁壁、宅地分譲が示されている。

程度で，土石流型には見られません。えん堤が完成したからといって，土石流発生の危険性はなくなりませんから，半永久的に警戒区域の指定は続きます。

(3) 他の法律による区域解除

特別警戒区域とは対照的に，地すべり防止区域，急傾斜地崩壊危険区域などは，指定が解除されることがほとんどありません。地すべりの対策工事を完了しても，再び地すべりが起こる可能性がありますから，地すべり防止区域の指定は解除されません。また，がけがなくならない限り，擁壁・法枠工施設の維持管理上，急傾斜地崩壊危険区域の指定が続きます。

(4) 解除に伴う効果

固定資産評価上，特別警戒区域の減価補正（所要の補正）を実施している場合，特別警戒区域の指定の解除により所要の補正がなくなりますので，固定資産評価額が上昇します。

また，固定資産路線価に特別警戒区域の指定の影響を受けた箇所がある場合，解除とともに路線価が大幅に上昇します。

＜引用・参考文献＞
〇草野慎一・中本俊幸・井場宏樹「広島県における土砂災害防止法に基づく対策の現状と今後の課題」p.2，図加工抜粋，広島県砂防課

Q-22 砂防指定地との関連

私の自宅がある住宅団地は，図70のように，堤防から砂防指定地ラインまで砂防指定地に指定されていますが，土砂法の警戒区域にも指定されています。このように重複して指定されている場合，自宅の建替えについての建築制限は厳しくなりますか？

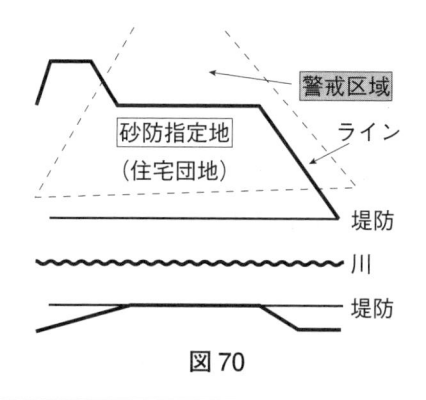

図70

A 図70をみますと，昔は畑だった所に山腹を整備（山腹工）するために砂防指定地に指定されたものと思われます。

砂防指定地は砂防法という法律に基づく指定ですので，次のような規制があります。

(1) 砂防指定地の規制

砂防指定地とは，砂防施設（えん堤・護岸・管理用道路等）の整備を目的として国土交通大臣が指定した土地をいいます。

実務上，渓流や小河川沿いに所有者の同意（原則）を得て指定（標柱）されますが，古い時期に指定された砂防指定地は，範囲が不明確で，非常に広範囲に指定されていることがよくあります。

通常，砂防指定地内で次のような行為をする場合には，知事等の許可を受ける必要があります。ただ，実務上，砂防指定地の指定に伴う補償制度はありませんので，砂防施設に直接影響のない行為は許可されやすいのが実情です。

　(イ)　盛土，切り土等の土地の形状変更
　(ロ)　工作物の新築，改築等
　(ハ)　立竹木の伐採，伐根
　(ニ)　家畜の放牧等

(2)　規制および評価

　上記(ロ)の工作物の新築，改築等については，必ずしも許可が必要ではなく，治水上，砂防に支障がない場合に許可不要としている自治体（県）が多くあります。

　具体例として，地目が宅地の場合（長野県）や，砂防施設から5m・10m以上離れた場所における土地の造成を伴わない（群馬県・新潟県・静岡県等）建物建築などは許可不要となっています。

　したがって，砂防指定地内であっても，土地の造成が必要ない住宅や店舗の建築・改築は許可も不要です。そのため，砂防指定地内における建築制限は弱く，宅地評価にあたっての減価率は非常に小さい，または，減価しないことが多いと思われます。

　警戒区域内には建築制限がありませんので，砂防指定地と重複指定されても，制限が厳しくなることはありません。

　図70の住宅団地は宅地化されていますので，砂防指定地による土地価格への影響は，地域の価格水準（地域格差）に織り込み済みと思われます。

　図71の宅地は，沢沿いが砂防指定地に指定されているほか，地域一帯が警戒区域に指定されている例です。沢沿いに砂防指定地（護岸・管

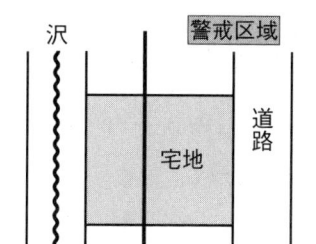

図 71

理用道路目的）が指定されていることは多く見られますので，調査の際に注意が必要です。

(3) 山　林

　固定資産評価上，砂防指定地内の山林は伐採制限が伴いますので，2分の1を限度として減価補正されます。現況山林と原野の区別がつかない土地があるためか，地目は原野も含める自治体があります。

　減価補正率は，2分の1を採用する自治体と，面積割合により細かく分けた減価補正率を採用する自治体とがありますが，土地の地番や砂防指定地の面積が確定できない理由で補正しない自治体も数多くあります。

＜引用・参考文献＞
○国土交通省砂防部「砂防指定地実務ハンドブック」（社）全国治水砂防協会
○建設省河川局砂防法研究会「逐条砂防法」全国加除法令出版
○長野県砂防指定地管理条例・群馬県砂防指定地管理条例・新潟県砂防指定地等管理条例・静岡県砂防指定地管理条例
○愛知県建設部「砂防指定地内行為技術審査基準」2010年3月
○愛知県建設部砂防課資料砂防指定地・地すべり防止区域・急傾斜地崩壊危険区域位置図
○岡崎市砂防指定地区域図

Q-23 急傾斜地崩壊危険区域との関連

急傾斜地崩壊危険区域に指定されていれば，擁壁・法枠工等の対策施設（急傾斜地の崩壊による災害の防止に関する法律）（急傾斜地法）14条2項）が設置されているのに，どうして警戒区域・特別警戒区域が重複指定されるのですか？
固定資産評価上の所要の補正についても教えてください。

A 　土砂法は避難体制の整備が目的の一つであるため，急傾斜地崩壊危険区域であっても重複して警戒区域が指定されます。
　また，斜面全体の安定性が重要なため，急傾斜地崩壊危険区域に指定されていても，崩壊の危険性があれば特別警戒区域に指定されます。

(1) 急傾斜地崩壊危険区域の対策工事

　急傾斜地崩壊危険区域に擁壁・法枠工等の対策工事はされていることが通常です。しかし，古い時期に設置された斜面下部の擁壁は，高さが2m〜3m程度と低く，現在の基準にそぐわない石積みやブロック積みといった構造のものを見かけます。
　斜面中・上部は，急傾斜地崩壊防止の技術的基準（急傾斜地法施行令3条）として法面に芝張り等をして安定を図ったものの，長い年月の間に木々が生えたり，一部崩れたりして安定性が保てなくなることがあります。実務上，地方の長大斜面は全面がカバーされていないことが一般的でしょう。
　また，急傾斜地崩壊危険区域内にすべて擁壁（斜面下部）が設置されているとは限らず，家と家の間に畑があると，擁壁が家の裏のみに設置され，畑の部分には擁壁がない（不連続）ことがあります。この場合は，急傾斜地崩壊危険区域でありながら，特別警戒区域が重複して指定されます。

がけ崩れは，がけの中・上部からの崩壊が多く報告*1されていますから，がけの下部のみ擁壁が設置されていても，上・中部斜面が安定していなければ，対策施設としては不十分といえます。

(2) 重複指定例

　写真23は，がけ下に住宅，畑，駐車場が見られる住宅地域ですが，急傾斜地崩壊危険区域に指定され，斜面中・下部には間知コンクリートブロック擁壁および防護柵が設置されています。擁壁（防護柵を含む）の高さは10m程度ですが，特別警戒区域に指定（がけ下から5m～6m）されています。これは，斜面上部の対策工事がされていないからのようです。

　がけ下の住民から話を聞きましたら，上部の山林からよく枝や雪が落ちて困ると言っておられました。

写真23

---

*1 「がけ崩れ災害の実態」No.530, 2009年（国土技術政策総合研究所資料 p.61）によると，がけ崩れが起きた斜面上の位置（1972年～1999年・12,219か所）は，上部46.3%，中部34.4%，下部19.3%となっています。

写真 24

写真 25

　写真 24 も，急傾斜地崩壊危険区域に指定されていますが，特別警戒区域にも指定されている斜面です。斜面の下部しか擁壁がありません。
　写真 25 は，斜面全面に法枠工が設置された例です。急傾斜地崩壊危

険区域に指定されていますが，擁壁崩壊の危険性はありますから，警戒区域に指定されています。ただし，特別警戒区域には指定されていません。

(3) 斜面中・上部の崩落危険性

　急傾斜地崩壊危険区域に指定されていても，斜面中・上部の安定がないと崩壊の危険性があります。比較的新しい対策工事は，全面法枠工となっていたり，下部は擁壁，中・上部は法枠工・モルタル吹付となっていたりして，がけの中・上部からの崩壊を防ぐ構造となっています。この場合，特別警戒区域には指定されないのが実情です。

　実際，1985年2月・新潟県旧青海町玉ノ木集落地区で急傾斜地崩壊危険区域（斜面下部に法枠および落石防止ストーンガードあり）に指定されていた裏山が突然地すべり状に崩れ，死者10名・重傷者4名という大惨事[2]になりました。この斜面（高さ50m超）は，現在，上部まで対策工事がとられ，災害跡の一部は児童公園として利用されています。

(4) 対策施設の崩壊

　1995年の阪神・淡路大震災では，神戸市や宝塚市の急傾斜地崩壊危険区域の斜面の多くが崩壊しました。

　文献[3]によると，「神戸市の急傾斜地崩壊危険区域の斜面約830箇所を調査した結果，39箇所が危険斜面と認定することが可能である。（略）斜面上部にすでに亀裂が入り，滑落崖が生じ，崩壊の初期過程が進行中の斜面（中略）民間宅地で地盤の流動により5m以上の高さの擁壁が崩壊し，下流側の家屋に被害が考えられる斜面」とあります。

---

*2 岡本正男「半世紀を超えた地すべり等防止法と技術」斜面防災技術 Vol.36, No.2, 2009年
*3 田結庄良昭「地震後の神戸市の急傾斜地崩壊危険区域の崩壊による災害の防止の研究：危険斜面のカタログ作成」神戸大学発達科学部研究紀要，1998年

また，同地震後，降雨により急傾斜地崩壊危険区域の斜面が崩壊し，二次災害（1995年〜1999年・5箇所）が発生[*4]しています。

急傾斜地崩壊危険区域は，対策施設をつくったからといって災害発生の危険性が全くなくなったとはいえないようです。

(5) 減価補正率

固定資産評価上，急傾斜地崩壊危険区域の土地評価に関して区域面積に応じてがけ地補正率を準用する方法，自治体独自に定めた割合を採用する方法，面積に関係なく一律割合を採用する方法があります。実務上，がけ地補正率を準用している自治体が多いでしょう。

各自治体の所要の減価補正率は以下のとおりですが，対策工事が完了して土砂崩れのリスクが小さくなったため補正しなかったり，固定資産路線価で対応したりする自治体も多くみられます。

○危険区域面積 20%以上 50%未満：▲ 25%
　　　　　　　 50%以上 80%未満：▲ 40%
　　　　　　　 80%以上　　　　：▲ 50%
　　　　　　　（ただし，危険区域内にある傾斜度が約30度以上ある土地のみ適用）
○危険区域面積 20%以上 40%未満：▲ 4 %
　　　　　　　 40%以上 60%未満：▲ 8 %
　　　　　　　 60%以上 80%未満：▲ 12%
　　　　　　　 80%以上 95%未満：▲ 16%
　　　　　　　 95%以上　　　　：▲ 20%
○危険度A：▲ 10%，危険度B：▲ 20%，危険度C：▲ 30%

[*4] 田結庄良昭・高橋優「兵庫県南部地震により損傷した宝塚市付近の急傾斜地崩壊危険区域の惨状と危険度判定の試み」，1999年

（危険度は市建築部建築行政課の調査に基づく）
○危険区域面積割合 50%以上　　　：▲10%
　　　　　　　　　0%超～50%未満：▲5%
○路線価付設地区のみがけ地補正率準用
○対策施設あり：▲10%，対策施設なし：▲20%（一律補正）
○危険区域一部でも▲4%または▲10%（一律補正）
○路線価に反映していない場合：▲10%
　　　　（ただし，できるだけ路線価で対応する（整備済▲5%））

＜引用・参考文献＞
○愛知県「第二編　急傾斜地の崩壊に対する技術基準編」
○「横浜市固定資産評価事務取扱要領（総則・土地編）」2012年4月
○「新潟市固定資産（土地）評価事務取扱要領」（平成21基準年度）
○「大東市固定資産（土地）評価基準取扱要領」（2012年3月改訂）
＜参考サイト＞
○新潟県砂防課事業紹介
　http://www.pref.niigata.lg.jp/sabo/1191553968277.html
○鎌倉市
　http://www.city.kamakura.kanagawa.jp/shisanzei/tochi_q1.html

Q-24 宅地造成工事規制区域との関連

私の家は，丘陵地を開発した住宅団地にありますが，宅地造成工事規制区域に指定されています。また，近くのがけ付近は警戒区域・特別警戒区域に指定されています。
厳しい技術基準にしたがって開発されているはずなのに，どうして警戒区域・特別警戒区域が指定されるのでしょうか？

A 土砂法の目的の一つが避難体制の整備ですので，宅地造成等規制法（以下，「宅造法」）による宅地造成工事規制区域いかんにかかわらず，警戒区域・特別警戒区域が指定されます。

(1) 宅地造成等規制法による擁壁等

宅造法による宅地造成工事規制区域内での宅地造成工事は，一定の技術的基準に従い，擁壁，排水施設の設置その他宅地造成に伴う災害を防止するため必要な措置を講じなければなりません。

ただし，宅造法では，切土による斜面（30度以上）で土質が岩盤・砂利・関東ローム層等の場合（一定角度未満）は擁壁は不要（図72参照）ですが，こうした斜面は警戒区域・特別警戒区域に指定されます。警戒区域・特別警戒区域は，斜度30度以上に関して例外規定がないからです。

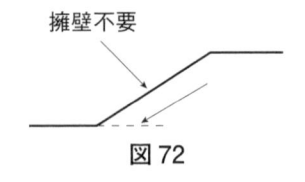

擁壁不要

図72

(2) 警戒区域・特別警戒区域の指定

　宅造法の施行以前に造成された古い住宅地では，老朽化した擁壁や石積み等，現在の技術基準を満たさない擁壁が多く見受けられます。

　図73の宅地造成工事規制区域には，傾斜地を切土した斜面にコンクリートブロック造や練石積み造の擁壁を設置した分譲住宅地域を見かけます。

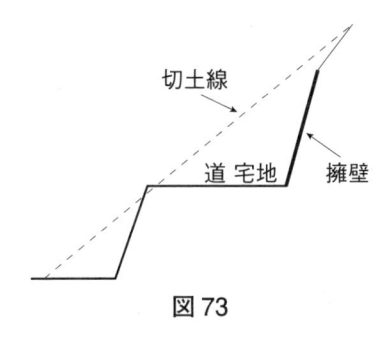

図73

　切土斜面は，比較的良好な地盤のためか，開発許可において安定した上部までの擁壁等の設置は義務づけられていないことがあります。こういった斜面は年月の経過とともに不安定になり，特別警戒区域に指定されやすくなります。切土斜面は安全だから特別警戒区域に指定されにくいという規定はありません。

　図74は，同じく傾斜地（30度未満）の分譲住宅地域ですが，元の地盤に盛土をしてコンクリート造のL字型擁壁を設置しています。この場合は高さが5m未満ですので，特別警戒区域には指定されません。昔の造成地には，盛土なのにL字型擁壁ではなく，空石積みやコンクリートブロック造といった耐震性のない擁壁が見られますので危険性は高くなります。

図74

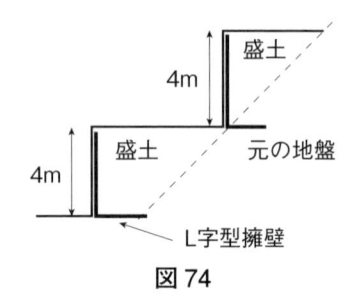

　図75 は，住宅団地（宅地造成工事規制区域）内に土石流型の警戒区域・特別警戒区域が指定された例です。

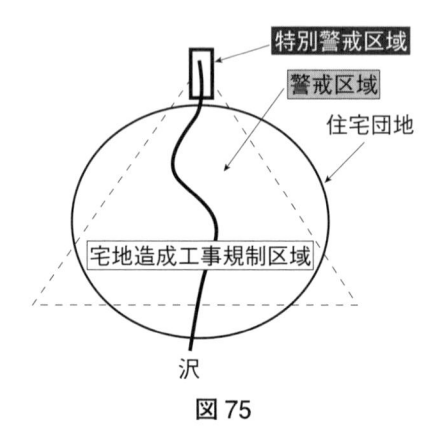

図75

　斜面に開発された住宅団地は，沢や川を介在することが多く，必然的に土石流型の警戒区域・特別警戒区域に指定されやすくなります。中小住宅団地の開発にあたって，沢の整備（U字渠，暗渠，流路工等）はされますが，えん堤といった対策施設の設置まではされないので，土石流発生の危険性はなくなりません。
　また，大規模な住宅団地の造成にあたって，えん堤を整備したものも見受けられますが，土石流の危険性がなくなったわけではないので警戒区域に指定されます。
　宅造法内の開発だから土石流に対して絶対安全ということはありません。

(3) 評　価

　宅地造成工事規制区域内の盛土，切土等の造成工事は許可が必要ですが，建物の建築自体は規制されていません。また，建物工事の前におこなわれる基礎工事や既存擁壁を同じ位置・同じ高さでつくり替えたり，補強したりすることの許可も通常必要ありません。

　そのため，宅地造成工事規制区域内にある理由で減価することは少ないと思われます。

　ただ，固定資産評価において宅造法による減価補正（例：▲10％）をしている自治体はありますが，路線価や標準宅地の標準価格に反映している理由で補正をしないことの多いのが実態です。

　宅地造成工事規制区域内の住宅地は適正な造成工事がされていたり，高さ1m以上の盛土には擁壁が義務（建築基準法適用外）づけられていたり，1995年の阪神・淡路大震災では宅造法以前の擁壁に被害（特に1961年以前の造成団地）が多かったりしたことから，宅地造成工事規制区域外の住宅地に比べ安全性の面で需要の高いことがあります（土石流は別として）。

＜引用・参考文献＞
○千代田コンサルタント（橋本隆雄）「宅地擁壁の耐震補強・診断技術と適用事例」(2) 宅地被災結果
○社団法人全国擁壁技術協会会報（ダイジェスト版・第2回宅地擁壁技術講習会）
○宅地造成等規制法令研究会「改正宅地造成等規制法の解説」2007年5月，ぎょうせい

Q-25 地すべり防止区域との関連

地すべり型の警戒区域と地すべり防止区域とは重複して指定されますか？ 地すべり防止区域が指定されていれば，災害発生の危険性が判断できるので，警戒区域を指定する意味がないと思うのですが……。

A (1) 地すべり防止区域の指定基準

地すべり防止区域の指定基準に面積 5 ha 以上（市街化区域等は 2 ha 以上）の規定がありますので，地すべり防止区域の規模は大きいことが通常です。

それに比べ，地すべり型の警戒区域は斜面ごとに判断され，何 ha 以上といった規定がないので，地すべり防止区域よりも狭い範囲で指定されるのが通常です。

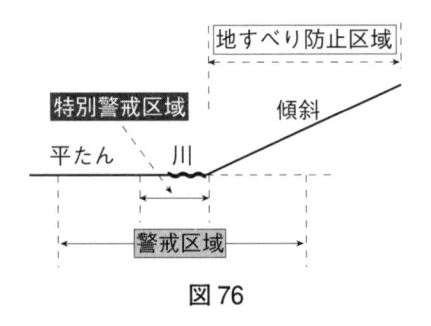

図 76

(2) 避難体制

地すべり等防止法には，避難体制を整備する規定がありません。地すべりにより著しい危険が切迫していると認められるときは，避難の指示が発令されますが，避難範囲，戸数，避難経路などが事前に定められて

いるわけではありません。したがって，土砂法の警戒区域を指定することによって避難体制の整備が進められます。

(3) 指定範囲の違い

　地すべり防止区域と警戒区域・特別警戒区域の指定範囲は異なります。地すべり防止区域は，対策施設の関係上，斜面のみ指定されますが，地すべり型の警戒区域は，ほぼ平たん地も指定されます（図76参照）。

　警戒区域は，地滑り区域下端から250m以内の範囲が指定されます。警戒区域のほぼ平たん地に人家がある場合，地すべりが起きると巻き込まれますので，避難体制の整備が必要になります。

　実際，2012年3月・新潟県上越市国川地区に発生した大規模（幅150m・長さ500m）な地すべりは，約1.5mの積雪をラッセルするように約2度の緩斜面を250m移動し，人家4棟・非住家7棟を全壊[*1]させました。ここは警戒区域に指定されていませんでしたが，一部地すべり危険箇所に指定されていましたから，地すべりの危険性は有していました。

(4) 指定例

　写真26は，斜面上に地すべり防止区域，写真撮影場所付近（斜面下から約200m前後）まで地すべり型の警戒区域が指定されています（長野県飯山市）。また，同じ斜面上には，複数の土石流型の警戒区域・特別警戒区域や，がけには急傾斜地型の警戒区域・特別警戒区域が指定されています。近所の人に聞きましたら，"10年ほど前に地すべりがあって，1軒移転し，別になだれによる被害もあった"そうです。斜面は，複数の土砂災害リスクがあります。

[*1] 関拓馬「上越市板倉区国川地内で発生した地すべりについて」（新潟県土木部砂防課）

写真 26

　余談ですが，1906 年 6 月，この集落と近くの集落に隕石（重量 49g と 282g）が落ちました。一つ（49g）を拾った人が，火で焼き，槌で打ってみましたが枠けなかったそうです（八木，1923）。

(5) 再地すべり活動

　豪雨による地下水の増加，強い地震，地形の改変等によって，地すべりは再び発生する可能性があります。

　通常，地すべりが発生すると，地すべり防止区域に指定され，対策工事が施されます。対策工事が終了しますと，事業がいったん中断されますが，地すべりが再活動しますと事業が再開されます。

　2004 年・新潟県中越地震では，地すべりにより川をせき止め天然ダムができて話題となった東竹沢地区をはじめ，多数の地すべりが再活動地すべり地内で発生しました。

　また，高知県の大砂子，佐賀山，川井地区では事業が再開されていますし，楠神(くすがみ)地区では 2 回再開しています（高知県土木部）。対策効果の大

小によって対策工法の選定が異なる難しさがあるようです。

そのため，地すべり防止区域や警戒区域はいったん指定されますと半永久的に指定が続きますが，特別警戒区域は対策工事が完了しますと解除されます。

地すべり型の特別警戒区域は，指定する範囲の特定（土塊）や移動方向が難しいからでしょうか，全国に5,646箇所の警戒区域の指定（2014年12月31日時点）があるなか1箇所（富山県）だけ指定されています。

(6) 評　価

土地評価上，地すべり防止区域が広範囲に指定されている段階で災害発生の危険性は地域の価格水準（地域要因）に反映されていますので，個別に減価しないのが通常です。

地すべり危険箇所も平たん地には指定されませんでしたから，平坦地に指定された警戒区域の範囲は，評価上，危険性の見直しが必要となります。

＜引用・参考文献＞
○佐々恭二・福岡浩ほか「平成16年新潟県中越地震により発生した再活動地すべり地における高速地すべり発生・運動機構」日本地すべり学会誌 Vol. 44（2007），No. 2, p. 72
○高知県土木部防災砂防課「地すべり対策事業」2008年10月21日，第1回高知県公共事業再評価委員会説明用
○国土交通省「全国における土砂災害警戒区域等の指定状況」2014年12月31日時点
○八木貞助「信濃鐵物誌」pp.27～30，1923年
○中川鮮，樋口和雄「小諸地域の地すべりについて（序報）」京都大学防災研究所年報第29号B-1，1986年4月

Q-26 がけ条例との関連

警戒区域・特別警戒区域の指定がなくても，がけ上下付近の土地はがけ条例により昔から規制されています。がけ条例と警戒区域・特別警戒区域の違いはありますか？

A 建築規制の範囲，規制・対策施設の程度，避難体制の整備などが，がけ条例と警戒区域・特別警戒区域とでは異なります。

(1) がけの高さや，がけ下からの距離

がけ条例によるがけの高さは，2m超，3m以上，5m以上と，自治体によって異なります。

たとえば3m以上をがけと定義している場合，4mのがけは特別警戒区域に指定（一連のがけを除く）されませんが，同条例の規制がかかります。がけの高さが3m未満の場合は，同条例ではなく建築基準法第19条第4項の規定によることになります。

がけ条例によるがけの高さの2h（倍）規制も全国共通ではなく，徳島県・愛媛県1.75h，広島県1.7h，熊本県・兵庫県・長崎県1.5hなど，自治体によってさまざまです。

また，がけの上端からではなく，がけ下から測る，がけの上端と下端の中心から測る，常にがけ下から測るなど，これもまたさまざまです。

実務上，図77と図78を比較した場合，がけ下から測る方が，がけ下の敷地所有者にとって，建物を建てられる範囲は少ないことがわかります。

土砂法は，常にがけ下からがけの高さの2hが警戒区域に指定されます。例外がありませんから，県や市町村の条例によって1.5h, 1.7hなどの緩和規定は認められていません。

図 77

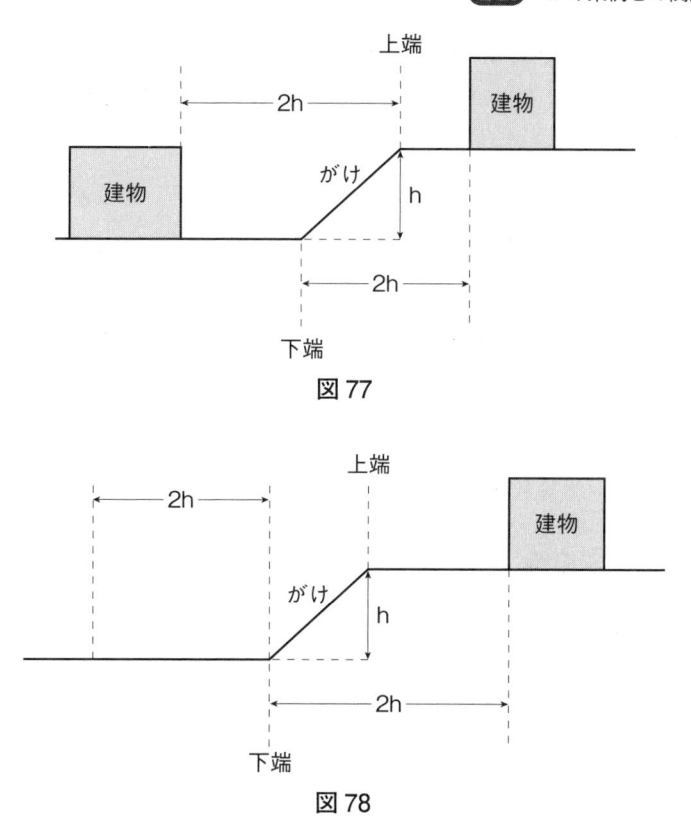

図 78

(2) がけの地盤

　各自治体のがけ条例は，がけが硬岩盤（花崗岩・安山岩等）のような堅固で安全な地盤の場合，建築制限を緩和しているため，がけ下付近であっても建築が可能です。

　たとえば横浜市の条例では，がけが軟岩（風化の著しいものを除く）の場合，60度以下（がけの高さ5m超）は斜面が崩れ落ちないで安定するとみなしています。

　しかし，特別警戒区域内は，岩盤の強弱は一切関係なく，建物の構造強化や堅固建物にしなければ建築が困難となります。

実際，2007年・新潟県中越沖地震[*1]の際，法面・自然斜面の被害が発生した箇所（119件）のうち，軟岩が約6％（7件），硬岩が約2％（2件）ありました。
　また，2011年・東日本大震災の際，地震によって茨城県常陸太田市の2箇所において岩盤のがけ崩れ（高さ25m，同30m）が発生し，1箇所では車庫がゆがみました。
　よく自宅裏は硬い岩盤だからがけ崩れはしないとおっしゃる方がいますが，絶対安全とはいえないようです。
　筆者は，高さ約10mの岩だらけでほぼ垂直な斜面（千曲市屋代・一重山公園裏）が特別警戒区域に指定されたので驚いたことがあります。

(3) 擁壁の安定性

　がけの上下付近に住宅を建てる場合，各自治体のがけ条例には，「既存擁壁の安全性を確保しなさい」という運用があります。
　検査済証がない擁壁や増積み擁壁ですと，擁壁の安定性が確保できませんので，建物の再建築のとき，擁壁の再築造や一部撤去が自治体から求められます。
　斜面下部に安全な対策施設があっても，特別警戒区域が指定されれば，増築や建替えをする場合，1階を鉄筋コンクリート造にするか，あるいは構造強化するといった対策が求められます。
　がけ条例では，建物を建てようとする土地のがけ部分にのみ擁壁や待ち受け擁壁を設置すれば建築許可はおりることがありますが，特別警戒区域の場合，危険が及ぶ範囲に対策工事が要求されるので，部分限定の擁壁では建築確認がおりない可能性が高いでしょう。

[*1] 橋本隆雄・宮島昌克「2007年新潟県中越沖地震における宅地被害分析と今後の宅地対策」p.7，第30回土木学会地震工学研究発表会論文

(4) がけ上付近の規制

がけ条例では，がけ上付近の建築制限がありますが，制度上，特別警戒区域はがけ上に設定されませんので建築制限が生じません。

がけ上付近は，がけ下端から30度（地域によって異なります）の線（安息角）を引き，がけ崩れによる被害を受けるおそれのある部分（土砂崩れの恐れのある部分）より深い位置まで基礎を設置する，あるいは杭基礎を打ち込むなどの制限が生じます（図79参照）。土砂崩れは30度以上に多いため，仮に崩れても建物が引きずり込まれないように規制されています。

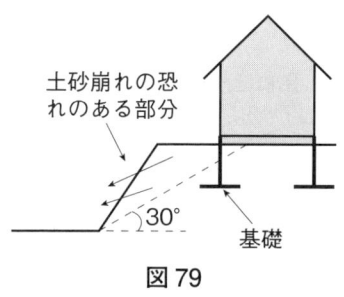

図79

(5) 実務上の運用および評価

図80のような既存擁壁は通常(B)地の所有にありますから，(B)地に既存擁壁を改修・再設置してくださいといっても，(B)地は承諾しないことが多いと思われます。その場合，(A)地は既存擁壁に接するような形で鉄

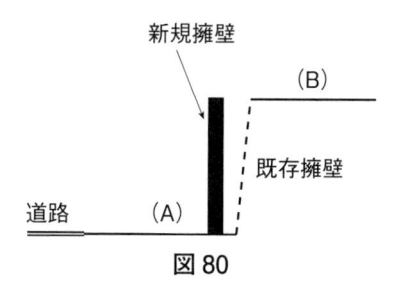

図80

筋コンクリート造の新規擁壁を設置すれば，安全性が確保された理由で擁壁下付近の(A)地に建物が建てられることがあります。この新規擁壁の積算費用を見積り，その費用分を(A)地の土地価格から控除する方法が考えられます。

　評価にあたっての積算費用は，市販の積算資料から算出することができます。仮に(A)地が特別警戒区域内にあり防護柵を設置する場合，控壁と基礎を直結しなければならないため，長い控壁が必要になるでしょう。

　図81は，兵庫県建築基準条例第2条第2項に規定されているケース（がけ上部に擁壁なし）です。

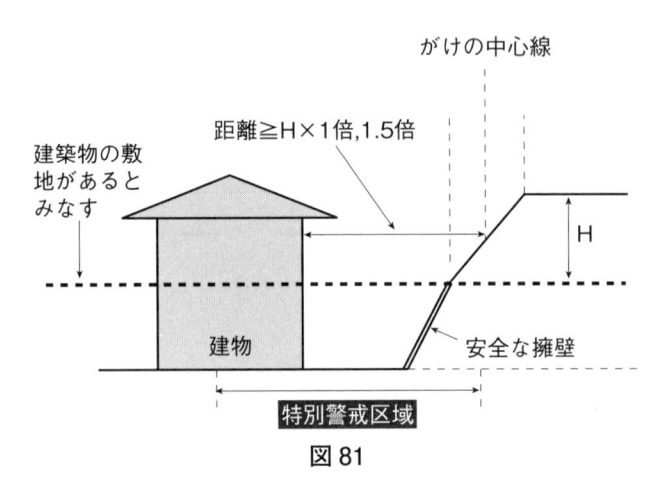

図81

　同条例によると，がけ下部に安全な擁壁を有する場合，建築物の敷地は地面ではなく，安全な擁壁頂部に接する線を建物の敷地とみなしています。建物をがけ下より離さなくてもいい緩和規定ですが，この斜面が特別警戒区域に指定されれば，特別警戒区域内に鉄筋コンクリート造あるいは構造規制を満たした建物を建てるか，特別警戒区域外に建てるかの選択を迫られます。そのため，がけ条例より特別警戒区域の方が規制が厳しいことがわかります。

＜引用・参考文献＞
○国土技術政策総合研究所・独立行政法人 土木研究所「平成23年（2011年）東北地方太平洋沖地震土木施設災害調査速報」4.土砂災害，p.62，p.63，国総研資料第646号，2011年7月
○兵庫県建築基準条例第2条（がけ地の安全措置）図解
○「積算ポケット手帳外構編」（擁壁・防護網）（株）建築資料研究社，2014年
○日経アーキテクチュア編「敷地・地盤のキホン」p.83，p.105
○横浜市建築基準条例
○横浜市建築局建築審査課「横浜市建築基準条例におけるよくある窓口相談について」
○各県建築基準条例

Q-27 土砂災害危険箇所との関連

私の家は土砂災害危険箇所である急傾斜地崩壊危険箇所に指定されていますが，警戒区域・特別警戒区域には指定されていません。新聞で土砂災害危険箇所は危険地帯と報道されていますが，両者の違いがよくわかりません。

A (1) 土砂災害危険箇所の特徴

　土砂災害危険箇所は，土石流，地すべり，急傾斜地の崩壊が発生するおそれのある箇所です。具体的には，土石流危険渓流（土石流危険区域を含む。2002年公表），急傾斜地崩壊危険箇所（2002年公表），地すべり危険箇所（1998年公表）を指します。

　土砂災害危険箇所は，法律に基づき指定される区域（土砂法の警戒区域・特別警戒区域，地すべり防止区域，急傾斜地崩壊危険区域など）とは異なり，危険性を認識した上で，自主避難の判断や市町村の行う警戒避難体制の確立に役立つことを目的としています。

　土砂災害危険箇所は災害が発生していると勘違いされることがあります。たとえば急傾斜地崩壊危険箇所は，がけ崩れの発生するおそれがあることを意味していますが，崩壊の危険性が高いわけではありません。したがって，全く崩れてなくても指定されますし，住民が存在自体を知らないことは案外多いと思われます。

　地すべり危険箇所も同様に，現在地すべりが発生しておらず，過去にも地すべりが起きたことがなくても，地形，地勢等から指定されます。

(2) 警戒区域・特別警戒区域の指定

　図82に，急傾斜地崩壊危険箇所の指定範囲を示します。がけの高さ

```
        ┌─────── 急傾斜地崩壊危険箇所 ───────┐
         被害想定区域    急傾斜地   被害想定区域
           2Hm以内                    Hm
                                              がけの高さ
                                               5m以上
                            30度以上
```

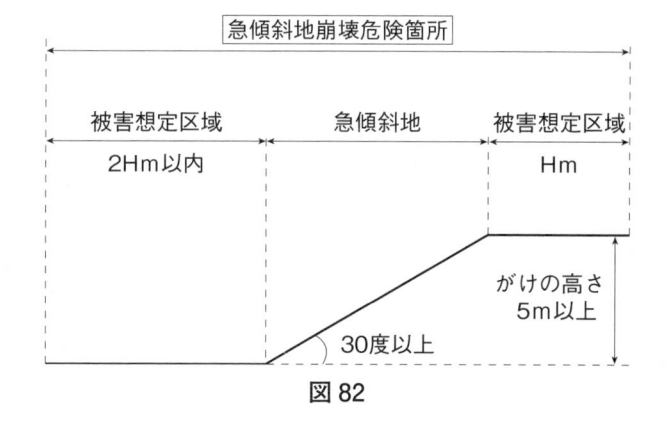

図 82

5m以上，斜度30度以上，人家要件を満たし，他の要件（優先順位・受益者負担金等）も満たせば指定されます。人家要件等を除けば，警戒区域・特別警戒区域と要件が似通っています。

　実際，急傾斜地崩壊危険箇所の中から警戒区域・特別警戒区域や急傾斜地崩壊危険区域が指定されますし，土石流危険渓流や地すべり危険箇所が基になって警戒区域・特別警戒区域が指定されます。

　ただ，土石流危険渓流（土石流危険区域)，急傾斜地崩壊危険箇所，地すべり危険箇所に指定されていましたが，警戒区域・特別警戒区域には指定されないこともあります。警戒区域・特別警戒区域の指定にあたって，指定の優先順位（人家多い・開発動向強い地域等）を定めていることや，土石流型および急傾斜地型を優先的に指定していることがあります。土砂法の指定がないからといって早合点してはいけません。

　写真27は，土石流危険渓流による土石流危険区域に指定されていますが，警戒区域・特別警戒区域や浸水想定区域の指定がない河川です。ただし，撮影場所から上流約100mまでは警戒区域が指定されていますので，調査の際，不思議に思ったことがありました。このように，警戒区域の指定がなくても，土砂災害危険箇所に指定されていたら，場所によって潜在的な土砂災害リスクがあることになります。

写真 27

(3) 表　示

　現在，土砂災害危険箇所は，宅地建物取引主任者の重要事項説明書，不動産鑑定評価書，各自治体の公売物件調書等に記載義務はありませんが，法律に基づく警戒区域・特別警戒区域，急傾斜地崩壊危険区域，地すべり防止区域，砂防指定地は記載義務があります。

　最近，不動産鑑定評価書，不動産の物件広告，自治体の公売物件調書に土砂災害危険箇所の記載が付記されることが増えました。

　実際，買主が購入後，土砂災害危険箇所の指定があったことを知って不動産業者や不動産鑑定士へ土砂災害リスクの説明を求めることがあります。

　これだけ土砂災害の多い時代ですから，"記載義務がありません"では説明にならないでしょう。

(4) 土砂災害危険箇所以外から土砂災害が発生

古い資料[*1]ですが，愛媛県，岡山県，大分県などで土砂災害が多発した2004年の土砂災害の傾向は，以下のとおりでした。

○土石流危険渓流から発生した被害箇所89.1%（253件），同危険渓流以外からの被害箇所10.8%（31件）

○傾斜地崩壊危険箇所から発生した被害箇所93.3%（749件），同危険箇所以外の被害箇所6.7%（6.7%）

○地すべり危険箇所から発生した被害箇所70.7%（111件），同危険箇所以外の被害箇所29.3%（46件）

土砂災害危険箇所以外においても土砂災害は発生していることがわかります。

また，2000年9月・東海豪雨により30度未満の斜面（急傾斜地崩壊危険箇所以外）──具体的には，名古屋市緑区鳴海町25度，小牧市大山20～25度[*2]で土砂崩壊が発生しました。

写真28は，名古屋市緑区鳴海町で起きた災害現場近くの斜面（高さ4m～5m）ですが，この歩道を歩いていた弁護士が土砂崩れ（幅約40m，奥行約15m，当時高さ1m擁壁）に巻き込まれて亡くなりました。

近所の人に話を伺いましたら，"災害現場は現在道路になっているよ。当時，こんな斜面が崩れるからほんとうに驚いた"とおっしゃっていました。土砂災害は予期していないときに一瞬で来るようです。重い病気と一緒でしょう。

[*1] 国土交通省砂防部「最近発生した土砂災害の特徴と課題」（資料-2）（2004年の土砂災害の発生傾向）

[*2] 井口隆「2000年9月東海豪雨による土砂災害の発生状況」p.178，p.180（4.各地で起きた主な土砂災害）

写真 28

<参考サイト>
○国土交通省
　http://www.mlit.go.jp/mizukokudo/index.html

Q-28　浸水想定区域との関連

昔，私の家の近くの大きな川（幅20m）がはん濫しました。その際，川を大きな石がごろごろ流れていましたので土石流のようでした。この川および周辺は警戒区域・特別警戒区域に指定されていませんが，どうしてですか？

A　土砂法施行令第2条第2項は，土石流危険渓流の当該上流の流域面積（河川に流れ込む雨水が降る範囲）を5 km²以下に限定しています。

これは，土石流危険渓流の調査から，過去に土石流が発生した渓流は，流域面積が5 km²以下（図83参照）のものが99%を占めていたことから，流域面積に係る条件を付加しています[1]。

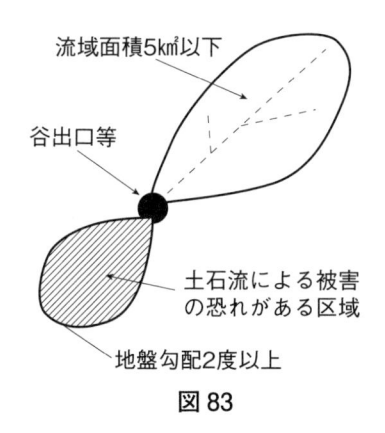

図 83

土石流が発生する区域は急勾配区間（15度以上）の箇所[2]が多く，扇状地を流れる大河川（黒部川流域面積682km²，手取川同809km²等）では流れ

---

[1] 国土交通省河川局水政課・砂防部砂防計画課「土砂災害防止法令の解説」p.57，2003年
[2] 山間集落豪雨災害対策検討委員会「山間集落豪雨災害対策検討委員会報告書」p.41，2005年3月（福井豪雨災害）

が緩やかですので，土石流は発生しませんし，渓流で発生した土石流を吸収してしまいます。そのため，ご質問のような比較的大きな川（上流を除く）では，警戒区域・特別警戒区域の指定はされません。

　実際，2008年7月27日・新潟県南魚沼市の水無川（流域面積50.1k㎡）の源流域で1時間の最大雨量が86mmを観測する豪雨*3があり，それによって発生した鉄砲水は急激な水位（1.22m）をもたらし，本流の魚野川へ合流しました。水無川の流域面積が小さくて沢のような規模でしたら，土石，流木を巻き込み土石流になったかもしれません。

　一方，浸水想定区域とは，水防法に基づいて指定された河川がはん濫した場合に浸水が想定される区域をいいます。指定される河川は，流域面積の大きな河川（洪水予報河川）や流域面積の小さな河川（水位周知河川）に限定されていて，土石流危険渓流は除外されています。

　ご質問では，過去にはん濫した河川ということですが，警戒区域・特別警戒区域の指定がない場合，浸水想定区域に指定されている可能性があります。また，指定されていなくても将来指定される可能性があります。

　浸水想定区域は，当該河川の整備計画の水準に達していないために生じるはん濫により浸水する区域を示していますので，整備計画基準に沿った堤防整備が完了していれば堤防決壊の恐れがなくなり，浸水想定区域は指定されません。そのため，大きな河川沿い一体は必ず浸水想定区域に指定されるとは限りません。

　ただ，ここ数年，浸水想定区域外が浸水したり，浸水想定区域を大きく上回る範囲が浸水したりする被害（岐阜県可児川左右岸地区等）が報告されています。

---

*3 湯沢砂防事務所調査課　梅田ハルミ「新潟県南魚沼市水無川において発生した鉄砲水について」

図84

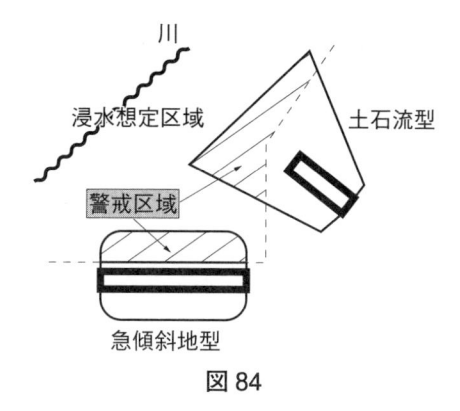

図84は，川周辺が浸水想定区域に指定されていますが，土石流型や急傾斜地型の警戒区域（斜線部分）にも指定されている例です。

浸水想定区域は川のはん濫を想定した区域のため広範囲に指定されます。地形や地勢によっては，斜面下が浸水想定区域のほか，警戒区域にも重複指定されることがあります。

＜引用・参考文献＞
○国土交通省河川局水政課・砂防部砂防計画課「土砂災害防止法令の解説」2003年
○岩手県県土整備部砂防災害課「土砂災害防止に関する基礎調査マニュアル（案）」（共通編），2013年4月（改訂）
○水防法研究会「逐条解説　水防法」p.77，2005年
○岐阜県7.15豪雨災害検証委員会「7.15豪雨災害検証報告書」2010年9月21日
＜参考サイト＞
○防災基礎講座「自然災害について学ぼう」（独立行政法人防災科学技術研究所自然災害情報室）
http://dil.bosai.go.jp/workshop/01kouza_kiso/manabou/index.html
○国土交通省（水管理・国土保全）
http://www.mlit.go.jp/river/toukei_chousa/index.html#kasen

Q-29 がけ地やため池の価値

がけ地やため池は価値がないと思っていましたが、どういう場合に価値がありますか？

A がけ地やため池の上に人工地盤やデッキプレートを設置して有効利用をしている場合、価値が生じていることがあります。

(1) がけ地

がけ地等の上に直接家を建てられない欠点はありますが、建ぺい率や容積率の算定の際に敷地面積に含まれるという長所があります。また、がけ地に隣接する平たん部分は見晴らしがよく、日照が確保しやすいといった長所があります。

固定資産評価上、土地の地目は、現況および利用目的に重点を置いて認定されます。がけ地であっても全く利用できないわけではなく、人工地盤やデッキプレートを設置すれば、高低差にもよりますが、利用が可能である場合に価値が発生しているのが一般的です。

したがって、がけ地に人工地盤やデッキプレートを設置して建物の敷地として利用（図85参照）している場合、宅地と扱うことがあります。

また、図86のように、道路との高低差が大きく一部人工地盤を利用

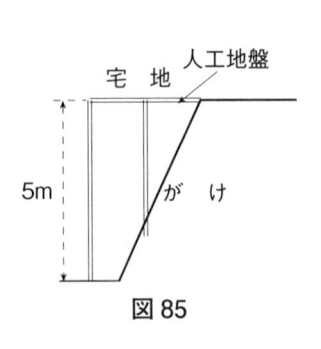

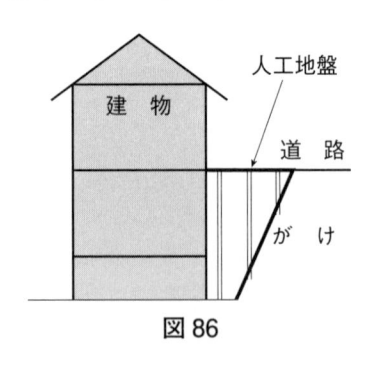

図85

図86

せざるをえない土地も同様に扱います。

実際，眺望を得るために人工地盤を利用した別荘，擁壁の上にせり出した住宅，傾斜地を利用したマンションなど，斜面を利用した建物を見かけることがあります。

(2) ため池

固定資産評価基準では，がけ地等を「画地の一部又は全部が傾斜地，低湿地又は地盤軟弱等で通常の宅地の用途に供することができないものと認定される画地」と定義しており，がけ地以外の低湿地，軟弱地盤の土地等もがけ地等として扱います。

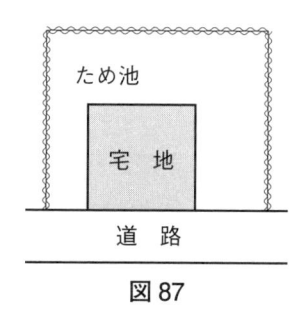

```
        ため池
    ┌─────────┐
    │ ┌─────┐ │
    │ │ 宅地 │ │
    │ └─────┘ │
    └─────────┘
       道　路
```

図 87

実際，ため池や遊水地に人工地盤を設置して宅地として利用している場合があります。たとえば，遊水地上につくられた横浜国際総合競技場（現・日産スタジアム）は，収容人員 7 万人，面積 16 万 6,000 ㎡の巨大な規模を誇っています。

また，ため池の上にデッキプレートを設置して商業店舗として利用しているのに固定資産税が非課税であることが争点となった有名な判例[*1]があります。この判例では，ため池の価値が争点になりました。

---

*1 堺市固定資産税等賦課徴収懈怠違法確認等請求事件（大阪地方裁判所平成 20 年 2 月 29 日判決）（判例タイムズ 1281 号 p.193）

相続税財産評価基準に規定はありませんが，過去に課税庁より公開された取扱いでは，遊水地等（雨水調節池等）の評価を下式（廃止期限が不明な場合）のようにしています。40％減価の主な根拠は，高度利用が制限されるからのようです。

簡略式：（宅地の土地評価額－宅地造成費相当額）×（100％－40％）

固定資産評価上，調整池の評価にあたっては，がけ地補正率を準用して最大減価率▲45％を適用することがあります。

筆者は以前，調整池を評価したとき，構造上の問題や用途転換が極めて厳しく，調整池上を駐車場や物置として利用することは実質的に困難であることを理由に，減価率を加算（本来の利用制限率45％＋法令上の利用制限による減価率▲10％）したことがありました。

(3) がけ地の有効活用

写真29～31は，高台にある事業所が駐車場用地としてがけに人工地盤（鉄筋コンクリート造）を設置した例（長野県小諸市）です。

社長の話によると，がけが少し崩れかけていたので，対策工事も兼ねて設置したとのことです。人工地盤の高さは13m あり，基礎は約3m～4mも掘ってつくっています。建設以降,がけ崩れの心配をしなくなったそうです。しかし，技術者らしく，「つくったものは必ず壊れるから」と将来を心配されていました。

Q-29 がけ地やため池の価値　151

写真 29

写真 30

写真 31

<引用・参考文献>
○笹岡宏保「具体事例による財産評価の実務」p.673, 2013年2月改訂版
○固定資産税務研究会編「固定資産評価基準解説(土地篇)」平成24基準年度
<参考サイト>
○日産スタジアム
　http://www.nissan-stadium.jp/stadium/history.php

Q-30 がけ地近接等危険住宅移転補助事業との関連

役所は,「特別警戒区域内には厳しい建築制限がありますが,建築は可能です」と言う一方で,「特別警戒区域内にはなるべく家を建てないようにしてほしい」とも言います。これは矛盾していませんか?

A (1) 補助金

現在,特別警戒区域内での建物の一部の建替えや増築を除き,役所は,あまり新築を認めたがらないのが実情です。

"特別警戒区域や災害危険区域は危険ですから,移転してください。そのかわり移転補助金を出します"という制度が,「がけ地近接等危険住宅移転補助事業」です。がけ下付近の建物所有者が移転を考える場合,この補助金は決め手となることがあります。

資料[1]によると,7県で26区域,30戸の移転実績があり,この移転にあたって,「がけ地近接等危険住宅移転補助事業」による補助金が活用されています。補助金は,既存建物の取壊費用,土地や住宅の購入費用の一部に当てられます。

同資料によると,がけ地や砂防えん堤等の対策施設整備費用よりも,この移転事業のほうが安価に住民の安全を確保できるようです。

---

[1] 国土交通省「土砂災害防止法 平成23年度政策レビュー結果(評価書)」p.61, 2012年度3月,移転実績(岩手県10戸,長野県9戸,福井県4戸,静岡県3戸,山形県2戸,愛知県1戸,新潟県1戸)

(2) 移転の実態

　建物が何棟もある場合，取壊しや移転の費用が多額になること，移転先の確保が困難なことから，移転は全国的にあまり進んでいません。

　また，移転しても特別警戒区域内の土地は依然として残りますが，新たな建物は建築できませんので，その活用は難しく，待受け擁壁，駐車場，公園等ぐらいにしかできないと思われます。

　それに，住宅を取り壊すことによって小規模住宅地の軽減税率（1/6・1/3）がなくなりますので，固定資産税がアップすることも予想されます。

　住宅がなくなると，課税地目が宅地から雑種地へ変更されることにより，雑種地補正（補正率0.5～0.9）が適用されることもあるでしょうが，雑種地の減価補正をしていない自治体も多いのが実情です。

(3) 岩手県の移転促進事業

　岩手県では，安全性の早期確保のため，地域の合意に基づくがけ崩れ危険住宅の移転促進を支援しています。

　「がけ地近接等危険住宅移転補助事業」を利用してがけ地から除去する住宅，かつ，5戸以上の住宅があるがけ崩れ危険箇所内で，特別警戒区域内にある住宅が対象となっています。

　各補助金（各最大）は，住宅撤去費用225万円，住宅移転費用（住宅購入の場合）175万円，住宅の建設・購入費等260万円，住宅建設・購入借入金の利子406万円の合計1,066万円となっています（岩手県サイト）。

　文献[2]によると，実際に当該補助事業を担当された行政担当者の感想として，全戸移転は現実的に条件が厳しい，移転と補強を組み合わせ

---

[2] 井良沢道也・目黒渚（岩手大学農学部）「がけ崩れ危険住宅移転促進支援制度に関する現況調査」4.6 行政担当者（市町村や県）の意見

る等（補強も補助する）の条件緩和が必要なことなどが挙げられていました。

＜参考サイト＞
○岩手県（がけ崩れ危険住宅移転促進支援制度）
　http://www.pref.iwate.jp/kennan/sen_doboku/010697.html

○湿　気

　昔，がけ下付近の土地を評価したとき，所有者から，「湿気が多くて困るので，建て替えの際，建物の地盤を高くした」ことを聞きました。

　実際，大雨のとき，がけ下に水貯まりができることはよくありますし，地下の穴に貯まり陥没することもあります。

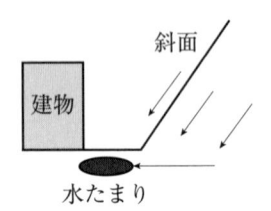

　特に斜面の下に排水溝がないと，水の排出ができないので，地盤にとってよくありません。

　実際，斜面から水が多量に噴き出して，床下浸水（1棟）した事例が報告（2002年・釜石市）されています。

　また，2006年・岡谷市では，斜面から噴き出た水で被害（2棟）を受けた事例があり，山を背負う恐しさを実感したそうです。

　斜面上（小段）や下に排水溝があるとないとでは，評価にも影響してきます。

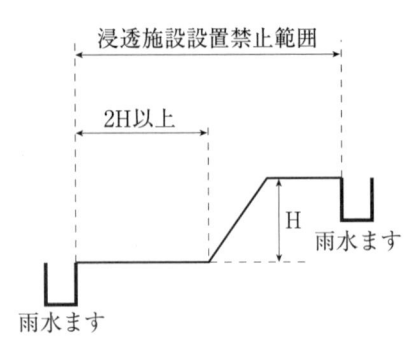

各自治体では，がけ（高さ 2m 以上）下および上から一定範囲に雨水ます等の浸透施設設置を禁止しています。これは，浸透施設の設置によって斜面が崩れやすくなるのを防ぐためです。
　また，湿気はシロアリが進出しやすくなります。前に，水田を埋め立てた住宅地の評価のとき，湿気を個別的要因として減価したことがありました。減価率の根拠は本（積算資料ポケット版総合編）を参考に基礎を少し上げる費用としました。

＜引用・参考文献＞
○畠山綾乃・今井フミヱ・伊藤英之・吉川肇子・佐々木亨「『語り合い』による土石流災害の復元－2002 年釜石市松原土石流災害を例として－」
○長野県岡谷市花岡区「災害と復興の記録－平成 18 年 7 月豪雨記録」2008 年 11 月 1 日
○社団法人雨水貯留浸透技術協会編「戸建住宅における雨水貯留浸透施設設置マニュアル」2006 年 3 月

Q-31 避難体制の整備

警戒区域に指定すると,避難体制の整備が進むと役所から聞きました。実際に警戒区域に指定した場合の効果はありますか？

A 警戒区域に指定する前に住民説明会が開催され,危険な範囲,避難区域,避難場所等が明らかになります。そして,自治体は,地域の防災計画に警戒区域ごとの警戒避難体制に関する事項を定めることになっています。

その過程を通して,住民は地域の危険性を認識することになります。以前から指定されていた土砂災害危険箇所には,避難の具体的なことは何も定められていませんでした。また,改正前の急傾斜地法には避難体制整備の規定[*1]はありましたが,実質的に機能していないことが多かったようです。

具体的な効果や課題として下記の点が挙げられます。

(1) 平均避難率の上昇

警戒区域に指定されますと,災害前に避難する人の割合が増えることが実証されています。

文献[*2]に,「区域指定の有無と住民の避難率の関係について,過去の5事例における災害情報を基に算出した結果(中略),『指定有り』の平均避難率は91%,『指定無し』の平均避難率は63%であり,『指定有り』の地区は,『指定無し』の地区よりも高かった」とあります。

このように,住民説明会および防災計画を通して警戒区域の指定によ

[*1] 平瀬敏郎「土砂災害防止法の施行にかかる警戒避難体制の整備のあり方について」(旧急傾斜地法での規定とその運用実態)

[*2] 国土交通省「土砂災害防止法」pp.46～49, 2011年度政策レビュー結果(評価書)

り避難区域が特定され，地域の危険性が認識された結果，避難率が高くなるものと思われます。

(2) 区域の指定により迅速な避難

① 2006年・長野県諏訪市中の沢地区で土石流が発生しましたが，住民は既に自主避難を完了していました。地区の見回りをしていた区長が川の増水濁流に気づき，特別警戒区域内の一軒一軒を訪ねて避難[*3]させました。

　市はロールプレイング形式（演技役割法）の実践的な避難訓練を数回実施していましたし，前年には警戒区域・特別警戒区域の指定が終わっていましたので，住民の防災意識は高まっていたことが早期避難につながったものと思われます。

② 鹿児島県垂水市の土砂災害事例（国交省資料，土砂災害防止法，2007.1.15）

　土石流により人家4戸と郵便局が全壊する被害が発生しましたが，警戒区域・特別警戒区域（2007.3.30指定）に住む住民（212世帯・471人）は，前日に避難勧告（土砂災害警戒情報発表前）に基づき避難していたため人的被害はありませんでした。

③ 2006年7月・鹿児島県垂水市上市木地区（同上資料）を土石流が襲い，被害（全壊4戸・一部損壊1戸）が発生しましたが，住民は事前に避難（避難勧告発令）していたため人的被害はありませんでした。これは，警戒区域の指定前でしたが，住民の防災意識の高いことをうかがわせる事例です。

④ 静岡県小山町湯船地区の土砂災害事例（同上資料，土砂災害防止法，

[*3] 財団法人砂防フロンティア整備推進機構（千葉幹）「平成18年7月豪雨による土砂災害発生時の岡谷市における警戒避難について」（3.土石流発生前に自主避難が完了した諏訪市の事例）

2010.9.8)

　土石流により人家6戸に家屋半壊等の被害が発生しましたが，警戒区域（2009.1.30指定）に住む住民は事前に自主避難していたため，人的被害はありませんでした。被災した家屋から避難先の公民館まで約550mも離れた箇所がありました。このとき，小山町では土石流19件，がけ崩れ21件の計40件の土砂災害が発生しましたが，人的被害はありませんでしたから，住民の防災意識の高さが感じられます。

(3) 課　題

　文献*4によれば，2004年～2009年までの主要な豪雨災害事例を分析した結果，「避難の目的で移動中に土石流，洪水などに見舞われた，避難先が土石流，洪水に見舞われた，いったん避難場所へ移動したが，そこを離れて遭難した」事例があったことから，「豪雨災害においては避難が最善の行動とは限らない」という指摘があります。

　また，犠牲者の中には，避難したにもかかわらず自宅が心配で見に引き返して犠牲になったり，水田・水路の見回りに行って犠牲になったりした割合が高かったことがあげられていました。確かに，豪雨時に「水田を見に行ったまま戻らない」ニュースをよく聞きます。筆者自身，災害時にどうしたらいいかの対応が身についていない気がしています。

　長野県で戦後建てられた小中高等学校の校舎は，まとまった敷地（例：平成20年・長野県小学校一校当たり平均土地面積20,457㎡）を確保するため山裾や集落からやや離れた田園地帯に立地していることが多く，中には江戸時代，大きな土石流が起き，人が住んでいなかった所（被災・集

---

*4 牛山素行・高柳夕芳「2004年～2009年の豪雨災害による死者・行方不明者の特徴」自然災害科学 J.JSNDS29-3，2010年

団移転等）に建てられた中学校があります。特に体育館は校舎の裏の山際に建てられることが多いため，特別警戒区域にかかるケースを度々目にします。筆者は，避難先となることの多い体育館の安全対策が気になります。

今後は，避難経路の見直し，移動の手段，災害時の対応行動，避難先の安全対策，防災対策[*5]等が課題になっています。

＜引用・参考文献＞
○国土交通省河川局砂防部「土砂災害警戒避難ガイドライン検討委員会（第1回）説明資料」（資料-1）2007年1月15日
○国土交通省国土技術政策総合研究所・筑波大学「土砂災害警戒避難に関するデータ解析共同研究」No.682, 2012年3月
○鹿児島県土木部砂防課「土砂災害警戒区域情報とは？」（災害発生前の避難勧告により，人的被害を免れた事例）
○鹿児島県・小杉淳悟「鹿児島県の土砂災害警戒情報の発表状況について」九州技研第45号，2009年7月，トピックス
○（静岡県交通基盤部河川砂防局砂防課）八木正道，西川茂，佐野裕庸，（静岡県沼津土木事務所御殿場支所）本橋央行「平成22年発生　小山町災害関連緊急砂防事業について」
○平成20年長野県統計書
○国土交通省「東日本大震災における土砂災害対策への対策について」参考資料，今後の大規模地震に備えるための対応（2）
＜参考サイト＞
○内閣府防災情報のページ
　http://www.bousai.go.jp/kaigirep/chousakai/saigaijihinan/index.html
○牛山素行の災害関係調査・研究
　http://www.disaster-i.net/research.html

[*5] 東日本大震災以降，海沿いの地域では，急傾斜地崩壊危険区域の対策施設へ新たに避難階段を設置（静岡県松崎町）したり，同区域施設の管理用通路を避難階段へ活用（岩手県宮古市）したりすることが増えています（国交省）。

Q-32 がけ崩れに関する統計資料

災害調査報告書に過去に起きたがけ崩れに関する記述は見かけますが、がけ崩れに関してまとめた統計資料はありますか？

A 国土交通省の国土技術政策総合研究所がまとめた「がけ崩れ災害の実態」[*1]の統計資料があります。

これは、1972年～2007年のがけ崩れデータ19,035件（一部を除く）を統計的に整理したもので、降雨・地震・融雪別にがけ崩れの方位、斜面上の位置、崩壊の規模等が詳細に分析されています。そのいくつかを紹介します。なお、(4)、(5)は図88を参照してください。

(1) 斜面の方位

がけ崩れ斜面の方位の構成率（1972年～1999年・降雨11,552、地震153、融雪177、計12,169箇所）は、次のとおりです。

南：19.9%、南東：15.5%、南西：13.7%、東：13.4%、西：11.5%、北東：9.1%、北：8.8%、北西：8.1%

がけ崩れ斜面の方位は、南向きの多いことがわかります。

(2) がけ崩れの斜面上の位置

崩壊頭部の位置の構成率（1972年～1999年・降雨11,633、地震138、融雪176、計12,219箇所）は、次のとおりです。

上部：46.3%、中部：34.4%、下部：19.3%

がけ崩れの斜面上の位置は、多くは斜面の上部から発生しますが、

[*1] 土小山内信智・冨田陽子・秋山一弥・松下智祥「がけ崩れ災害の実態」国土交通省国土技術政策総合研究所、2009年3月、国総研資料第530号

中・下部からも多く発生しています。特に地震は上部（67.4%）からの崩壊が際立っています。

(3) 斜面の勾配

がけ崩れ斜面の勾配の頻度（1972年～2007年・降雨14,993，地震284，融雪197，計15,856箇所）は，次のとおりです。

0度～9度：0.1%，10度～19度：0.3%，20度～29度：2.3%，30度～39度：20.2%，40度～49度：32.1%，50度～59度：16.8%，60度～69度：15.4%，70度～79度：9.0%，80度以上：3.8%

斜面の勾配は30度以上に集中していますので，がけ条例の斜度や警戒区域・特別警戒区域の指定が30度を基準にしているのがわかります。

(4) 崩壊の高さ

崩壊の高さの頻度（1972年～2007年・降雨16,902，地震504，融雪224，計18,085箇所・平均値12.8m）は，次のとおりです。

0m～9m：52.2%，10m～19m：30.1%，20m～29m：9.4%，30m～39m：4.1%，40m～49m：1.6%（他略）

崩壊の高さは，20m未満が80%強を占めています。

(5) 崩土の到達距離

がけ崩れによる崩土の到達距離の頻度（1972年～2007年・降雨13,291，地震202，融雪184，計13,984箇所・平均値7.4m）は，次のとおりです。

0m～4m：57.8%，5m～9m：20.6%，10m～14m：9.4%，15m～19m：3.9%，20m～24m：3%，25m～29m：0.9%，（中略）50m以上：1.8%

崩土の到達距離の98.2%が50m未満であることがわかります。また，10m未満が80%近くに及んでいます。このことから，急傾斜地型の警

図 88

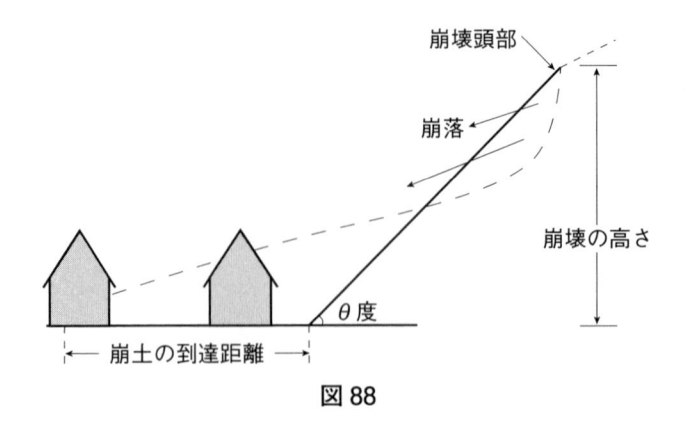

戒区域の設定範囲を 50m 以下にしていたり，実務上の特別警戒区域の設定範囲が 10m 以内に多かったりする理由がわかります。

ただ，2014 年 6 月・神奈川県横須賀市ハイランド 1 丁目がけ崩れの崩土の到達距離[*2]は 15m 程度でしたので，10m 以上も注意が必要です。

(6) 崩土の到達距離÷崩壊の高さ

崩土の到達距離÷崩壊の高さの頻度（1972 年～ 2007 年・降雨 13,205，地震 189，融雪 184，計 13,880 箇所・平均値 0.570）は，次のとおりです。

0 ～ 0.19：21.3%，0.2 ～ 0.39：28.4%，0.4 ～ 0.59：18.9%，0.6 ～ 0.79：10.8%，0.8 ～ 0.99：4.5%，1 ～ 1.19：6.0%，1.2 ～ 1.39：2.6%，1.4 ～ 1.59：1.8%，1.6 ～ 1.79：1.3%，1.8 ～ 1.99：0.5%，2 ～：3.8%

崩土の到達距離÷崩壊の高さは，0.8 未満が全体の 80% 近くを占めていて，2 以上が 3.8% しかないことがわかります。中でも，地震による場合は，0 ～ 0.19 の区分が 41.3% と突出していました。

このことから，土砂法が急傾斜地型の警戒区域の設定範囲を 2H にしている理由がわかります。

[*2] 国土技術政策総合研究所土砂災害研究部「神奈川県横須賀市ハイランド 1 丁目災害調査報告」p.2, 2014 年 6 月 12 日作成

(7) 崩壊の深さ

崩壊の深さの頻度（1972年～2007年・降雨15,834，地震295，融雪212，計16,735箇所・平均値1.2m）は，次のとおりです。

0～0.4m：21.8%，0.5m～0.9m：26.3%，1m～1.4m：25.7%，1.5m～1.9m：8.9%，2m～2.4m：9.4%，2.5m～2.9m：1.8%，3m～3.4m：3%，3.5m～3.9m：0.4%，4m～4.4m：0.8%，4.5m以上：1.9%

崩壊の深さは2m未満が82.7%を占め，平均値は1.2mとなっています。特別警戒区域の指定図面に土石等の移動の高さを1m以下（基準）としたものが多く見られます。がけ崩れが起きた場合に土石等の移動の高さは崩壊の深さの1/2 [3] とされていますから，土石等の移動の高さは1m（2m未満÷2）が基準となる理由がわかります。

(8) 崩壊の幅

崩壊の幅の頻度（1972年～2007年・降雨16,861，地震512，融雪220，計18,085箇所・平均値15.3m）は，次のとおりです。

0～4m：14.4%，5m～9m：26.9%，10m～14m：21.8%，15m～19m：11.2%，20m～24m：10.3%，25m～29m：3%，30m～34m：4.9%，35m～39m：1%（他略）

崩壊の幅は30m未満が87.5%，15m未満が63%を占めています。住宅地1～2区画分の幅のがけ崩れが多いことがわかります。

---

[3] 小山内信智・内田太郎ほか「簡易貫入試験を用いた崩壊の恐れのある層厚推定に関する研究」p.34，国土交通省国土技術政策総合研究所資料第261号
　同資料に，「また，急傾斜地の崩壊に伴う土石流等の移動の高さは『土砂災害防止に関する基礎調査の手引き』（砂防フロンティア整備推進機構，2001）において，崩壊の深さの1/2とされており，土石等の移動の高さは，近隣での過去の災害実績等から崩壊の深さを推定することにより設定することができるとされている。」とあります。

＜参考サイト＞
○国土技術政策総合研究所（がけ崩れの実態）
　http：//www.nilim.go.jp/lab/bcg/siryou/tnn/tnn0530.htm

Q-33 がけ地に関する裁判例

がけ地の上や下に関して価格が争点となった裁判例はありますか？

A （1） がけ上

がけ上は，がけ条例による建築制限を問われた裁判例（損害賠償請求控訴事件：東京高裁平成12年10月26日判決，民19部・平成11年(ネ)2155号*1，一審横浜地裁平成7年(ワ)1227号，平成11年3月5日判決）があります。

判決文によると，敷地面積は約319㎡（うち有効宅地169㎡，がけ地150㎡）で，がけの高さは7m〜8m，建築制限を受ける範囲はがけ下から2H（14m〜16m）でした。

図89は判決文を基に筆者が想像で描いたもので，実際と異なっているかもしれませんがご容赦ください。

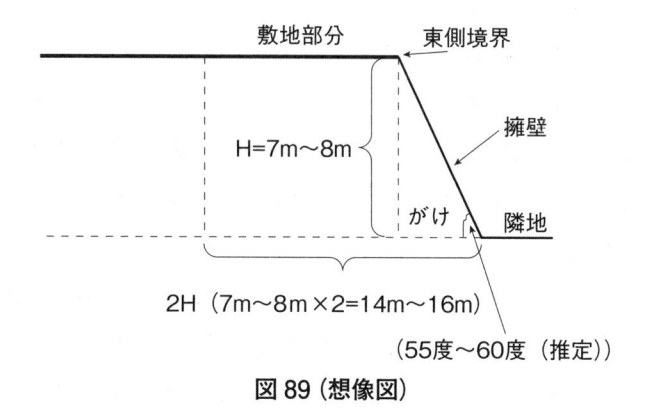

図89（想像図）

---

*1 判例時報 No.1739, pp.53〜59

判決文によると,がけの状態が悪く,がけを含む敷地部分に家を建て直すときは擁壁をつくり直す必要があり,東側境界から10m～11mの範囲に建築制限を受けました。

また,擁壁をつくり直さない場合,がけ下からがけの高さの2倍(水平距離)部分には,県がけ地条例およびがけ付近に建築する建築物の指導方針の土地利用制限がありました。

東京高裁は,2名の不動産鑑定士による鑑定評価額の平均値を損害賠償請求の基礎としました。

　　＜A不動産鑑定士＞
　　　・がけ地：　▲34%（がけ地の価値50%（高圧線下地の裁決例参考),
　　　　　　　　　　　　有効宅地の価値80%の加重平均）
　　　・面積過大：▲5%
　　　・道路後退：▲2%
　　　　計　▲39%（相乗積）

　　＜B不動産鑑定士＞
　　　・がけ地：　▲27%
　　　・道路後退：▲2%
　　　　計　▲28%（同）

2人の不動産鑑定士は,がけ地を価値ありと判断しています。ただ,鑑定時点はバブル最盛期の1989年でしたので,現時点で評価した場合は斜面災害多発の状況を踏まえると,がけ地の価値判断が異なってくるかもしれません。

この裁判では,契約の際,がけ地を含む土地の利用規制を重要事項説明書に記載すればいいだけでなく,具体的な規制の内容および当該土地にどのような対策工事をすればいいのかについて不動産の仲介業者に説明責任があるとしました。

(2) がけ下

がけ下付近の土地が固定資産評価において争われた裁判例が，市街地宅地評価法とその他の宅地評価法にあります。

① 市街地宅地評価法

兵庫県で擁壁のないがけ下付近の土地（建物なし）に関して争われた裁判例[*2]があります。

対象土地は，幅員約4mの未舗装道路にほぼ等高に接する中間画地（約577㎡，間口約25m・奥行約24m，図90参照）で，第1種低層住居専用地域および宅地造成工事規制区域に指定されていました。また，兵庫県建築基準条例第2条により建築制限が生じていました。

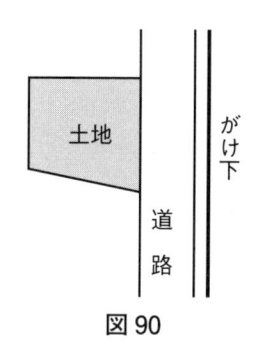

図90

自治体では，この土地を市街地宅地評価法により評価していて，土地取扱要領に基づく所要の補正たる宅地造成等規制法に関する補正（0.9）を実施していました。

原告（土地所有者）は，提出した不動産鑑定評価書（対象不動産の単価は隣地の24％）を根拠に宅地造成等規制法に関する補正率が高すぎると

[*2] 平成5年1月25日神戸地裁判決，平成3年（行ウ）第42号固定資産評価額決定処分取消請求事件，平成6年8月30日大阪高裁判決，平成5年（行コ）第11号

主張し，神戸地裁は，「土地の価格の評価に関して宅地造成等規制法の制限がある土地について一律に適用される基準であり，その内容についても，本件土地については建築が制限されているものの，全面的に建築が禁止されているわけでもなく，がけ又は予定建物について，どのくらいの費用がかかるかはともかくとして，安全措置を講じさえすれば建物の建築は可能なのであるから，この補正率が高すぎるということはできない。」と判示しました。

また，がけ下付近の土地を別の状況類似地区（標準宅地の追加）にする原告の主張に対して，価格差が20％を超えていることを適格に認める証拠がない点や，市町村の事務量を増大させるだけである点を理由に退けています。

同一の状況類似地区にあり，対象土地から約100m離れた標準宅地（幅3m・道路，110,400円/㎡）を基に街路条件，接近条件を考慮して，自治体は対象土地の路線価を付設（91,600円/㎡）しました。既に価格差が約17％（91,600÷110,400）生じていた背景があります。

本判決では，がけ下付近の路線価が低い点と，宅地造成等規制法による補正率を実施していた点が評価されたのかもしれません。

ただ，宅地造成工事規制区域自体にがけ下付近の建築制限はありませんが，本件の補正率（0.9）は，建築基準条例（がけ条例）による制限を兼ねているように感じられました。ちなみに大阪高裁も神戸地裁の判決を支持（争点一部相違あり）しています。

兵庫県建築基準条例第2条（がけ地の安全措置）

　がけ地（がけ（地表面が水平面に対し30度を超える角度をなす土地をいう。以下この条において同じ。）を有し，又はがけに接する建築物の敷地をいう。）に建築物を建築する場合においては，がけの表面の中心線から，がけ上及びがけ下の建築物までの水平距離は，それぞれのが

けの高さの1.5倍（がけの高さが2メートル以下の場合又はがけの地質により安全上支障がない場合においては，1倍）以上としなければならない。ただし，がけが岩盤若しくは擁壁等で構成されているため安全上支障がない場合又は建築物の用途若しくは構造により安全上支障がない場合においては，この限りでない。

② その他の宅地評価法

がけ下付近にある土地（約252㎡）の固定資産評価額（約522万円）が購入価格（約150万円）の約3.5倍になっているので，固定資産評価額が高いかどうかが争われた裁判（新潟地裁平成17年7月15日判決，東京高裁平成18年3月2日判決，最高裁平成18年11月30日判決）があります。

図91は，筆者が想像で図化したもので実際とは異なっているかもしれませんのでご容赦ください。

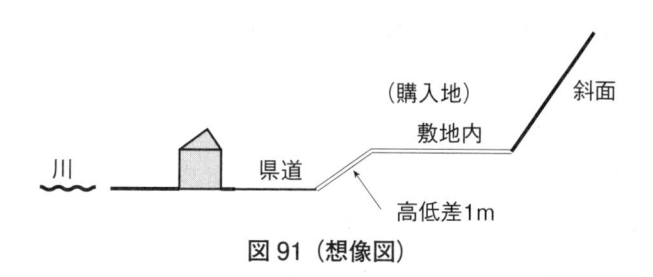

図91（想像図）

購入地は，固定資産評価上，「その他の宅地評価法」を適用する地区にありましたので，購入地前の道路に路線価が付設されていません。そのため，同じ状況類似地区内の標準宅地と比較して土地価格を求めることになります。

標準宅地価格の妥当性についてですが，自治体は同じ状況類似地区にある標準宅地を基に対象地の価格を以下のとおり算定していました。

標準宅地価格 33,700円／㎡ × 0.7（固評割合）≒ 23,500円／㎡

23,500円／㎡ × 0.987（時点修正）≒ 23,194円／㎡

23,194円/㎡ × 0.95（奥行長大）× 0.94（形状）≒ 20,711円/㎡（画地計算）

ただし，上記の算式では，がけ下付近であることによる減価がされていません。

<争点>
① 状況類似地区（集落地区）の設定は適切かどうか。（省略）
② 標準宅地から比準するにあたって，さらに補正すべきであったか。（省略）
③ がけ下にあるため日照阻害があるほか，山頂・山腹からの流水，湧水や雪の吹き溜まりになる，がけ地近接等危険住宅に該当する恐れのある土地（高裁で主張）であることによる「所要の補正」適用の必要性の有無。

<判決>
判決では新潟地裁で被告（自治体）の次の主張がおおむね認められています。

「地形等の周辺環境による日照阻害については，具体的にその阻害の影響・程度を容易に把握できるものでなく，評価の均衡を失することのないように全市的にその状況を把握し，その影響を図ることも著しく困難であり，また阻害の程度が具体的に把握できないものについて補正を行わないとしても評価の結果が著しく不均衡を来すものとはいえない。

道路との高低差があるものの通常の出入りに支障があるとは認められない程度であるから補正をしないからといって価格に著しい不均衡を来すとはいえない。

湧水による影響についても，宅地として長い期間にわたって使用されてきたことからすれば，通常の宅地として利用できない状況にあるとは考えられず，補正をしないからといって価格に著しい不均衡を来すとはいえない。

市街地宅地評価法のがけ地補正ではがけ地10%～20%未満の場合に5％の減点補正をおこなう程度であるから，本件にこれを考慮する必要があるとは認められない。」

判決によると，購入地は急傾斜地崩壊危険区域ではありませんが，急傾斜地崩壊危険箇所に指定されているか，がけ条例に該当する土地（高さ5m以上）かどうかは明らかにされていません。

ただ，地域の状況や土地の個別的要因を考慮すれば，自治体が規定していた固定資産評価事務取扱要領による所要の補正を適用するほどの土地ではなかったようです。

実務上，集落地区の宅地価格水準には多少の幅が存在していますから，所要の補正を適用するほどの開差が生じていなかったものと思われます。

また，判決では，「売買契約にあたって宅地建物取引主任者の仲介がなく，売買当事者間の関係も不明であるなど上記150万円の売買価格が正常な条件の下に成立した取引価格を裏付ける客観的な資料は提出されていない」として購入価格の妥当性を否定しました。

したがって，固定資産評価額（土地の登録価格）が時価（客観的な交換価値）を上回る可能性を具体的にうかがわせる特段の事情があるとは認められないと判断（新潟地裁・東京高裁・最高裁）されています。

＜参考文献＞
○平成26年度固定資産税関係資料集「Ⅳ　判例解説編」資産評価システム研究センター，2014年3月

Q-34 ため池の近くにある住宅地の危険性

ため池の近くにある住宅地を購入しようと考えていますが，ため池の周辺には警戒区域・特別警戒区域の指定はありません。ため池を囲む頑丈そうな堤防がありますので安全でしょうか？

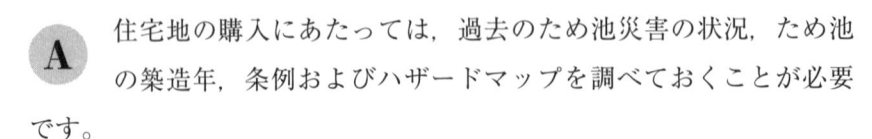

A 住宅地の購入にあたっては，過去のため池災害の状況，ため池の築造年，条例およびハザードマップを調べておくことが必要です。

適切な維持管理がされていたり，耐震化対策がされたりしているため池は災害発生の危険性が低いため，大地震でもない限り，それほど心配する必要はないと思われます。

(1) ハザードマップの公表

土砂法は，ため池が決壊した場合，浸水するおそれがある箇所の警戒区域・特別警戒区域を定めてはいません。ため池は土石流危険渓流ではないためです。

しかし，兵庫県，愛媛県，香川県，山口県等の各自治体では，ため池の堤防が決壊した場合に浸水する区域（浸水想定区域）をハザードマップで公表しています。ただ，全てのため池が対象ではなく，水防計画に規定するものや，一定の規模を持つ（例：貯水量10万トン以上）ものに限定しています。

(2) ため池の被災

農林水産省のサイトによると，ため池は全国に約21万箇所あり，その内，決壊した場合，下流の住宅，公共施設等への被害が発生するおそ

れのあるため池（警戒ため池）は約1.4万箇所あります。

　2004年～2011年のため池による被害の約90％が豪雨によるもので，約9％が地震と，大半が豪雨によるものです。

　たとえば，2004年台風による豪雨の影響で，香川県のため池は全体（14,619箇所）の5.7％にあたる834箇所が被災しました。内訳は，決壊114箇所，法面崩壊等の本堤被害215箇所，土砂流入等その他505箇所[1]でした。

　同台風により，兵庫県では1,482箇所のため池が被災を受け，決壊した212箇所のうちの1箇所で1名が亡くなっています[2]。

　2011年3月の東日本大震災により，岩手県，宮城県，福島県にある約12,500箇所のため池のうち1,800箇所が被災し，うち3箇所が決壊しました。中でも藤沼湖（堤高18.5m・堤長133m）の決壊では，大きな災害（死者・行方不明者8名，全壊家屋22戸等）が発生[3]しました。

　また，1847年・善光寺大地震により，長野県飯山市の北竜湖（大菅池）が決壊し，濁流が下流集落を襲い大きな災害[4]（死者7名）となりました。

　現在，各自治体では，老朽したため池の改修，補強対策工事等の整備を進めつつありますが，豪雨や大きな地震時に，老朽化したため池は被災する可能性があります。

(3)　ため池条例

　兵庫県，香川県，奈良県などでは，ため池条例を制定しています。

---

[1] 国土交通省 中部地方整備局 建政部「施策2-1-④ため池の耐震化」
[2] 兵庫県「平成16年災害復興誌」p.22, 2008年3月
[3] 国土技術政策総合研究所，独立行政法人土木研究所「平成23年（2011年）東北地方太平洋沖地震土木施設災害調査速報」4. 土砂災害
[4] 「新編瑞穂村誌」pp.486～489

たとえば兵庫県では,「ため池の保全に関する条例」により 0.5ha 以上のため池について適切な維持管理がされるよう定めています。しかし,0.5ha 未満のため池は全体の約 73%（2008 年）を占めていますが,行政の管理や指導監督の行き届かない可能性があります。

　また,1995 年の阪神・淡路大震災のため池災害の結果から,築造後 200 年以上が経過したものは被害を受ける可能性の高いことが指摘[*5]されています。

＜引用・参考文献＞
○農林水産省「(2)-①防災・減災への取組強化」「ため池の被害」
＜参考サイト＞
○農林水産省（ため池）
　http://www.maff.go.jp/j/nousin/bousai/bousai_saigai/b_tameike/
○独立行政法人農業・食品産業技術総合研究機構
　http://www.naro.affrc.go.jp/project/（2004 年台風 23 号による香川県内のため池決壊の実態）
○いなみ野ため池ミュージアム
　http://www.inamino-tameike-museum.com

[*5] 内田和子「日本のため池—防災と環境保全」p.152, 2003 年, 海青社

Q-35 高台は川や沢よりも安全か？

私が住んでいる家は川や沢よりも高台にあり，警戒区域・特別警戒区域には指定されていません。また，がけからも離れていますので安全と考えていますが……。

A （1） 警戒区域・特別警戒区域の設定範囲

通常，土石流型の警戒区域・特別警戒区域の範囲が設定される際，川床からの高さ（比高）5mがひとつの基準[*1]（図92参照）になります。

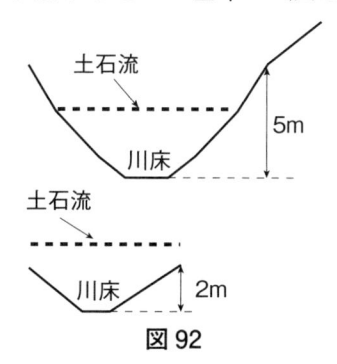

図92

川床が深いと，土石流は川からあふれにくくなりますが，逆に川床が浅いと，土石流は川の流れからあふれ出て広がることになります。

過去の災害から土石流の高さは数メートル[*2]に及んでいますから，土石流は川床が深ければ川の流路に沿って進むことがわかります。

[*1] 高梨和行・下尾崎泰宏・鈴木篤（財団法人砂防フロンティア整備推進機構）・水山高久（京都大学大学院農学研究科）「土石流の土砂災害警戒区域設定手法の紹介」

[*2] 国土技術政策総合研究所砂防研究室岡本室長・武澤研究員「岳本川土石流災害調査所見」（現場代理人および被災住民等からの聞き取り）によると，上流から土石流の段波（河床からの高さ4m～5m）が迫ってくるのが見えたとあります。また，「2009年7月中国・九州北部の豪雨による土砂災害発生の報告」によると，山口県防府市石原地区を襲った土石流の高さは4m～5mにおよんでいました。

ただ，2003 年・熊本県水俣市の集川（流域面積 1.14km²，土石流危険渓流）で発生した土石流[*3]は，沢出口で 10m の高台にあった住宅も襲い，多くの被害（死者 15 名・全壊家屋 15 戸）が発生しました。

それに，1981 年・長野県須坂市宇原川で起きた土石流は，砂防えん堤を乗り越え，450 m 下流の狭さく部両岸に高さ 7 m の通過跡[*4]をつけましたから，5 m を超える規模の大きいものもあります。

(2) 天然ダムの可能性

川や沢より高台にあっても，山間部にある場合は，土砂崩れにより川を堰き止め，天然ダムになって浸水することがあります。

たとえば，2011 年・奈良県天川村の天ノ川で起きた土砂崩れは，上流にあった天川中学校，天河神社や集落一帯に浸水被害（建物 80 件等）を及ぼし，坪内集落は現川面から 10m 以上水没しました。土砂崩れのとき，数十 m の水柱があがり，逆流した河川水が津波のように襲ってきたそうです[*5]。なお，天河神社は厳島，竹生島と並ぶ日本三大弁財天（江島を含む）のひとつで，有名人（特に歌手）の参拝が多いことで知られています。

2004 年・鳥取県智頭町市瀬の旧採石場跡地で地すべりによる大規模な土砂崩落が起きました（鳥取県サイト）。崩壊土砂は高さ 9 m の護岸擁壁を破壊して千代川に流入し，天然ダムを形成しました。その結果，

[*3] 水野秀明・原槇利幸・杉浦信男・曽我部匡敏・小山内信智・寺田秀樹・桜井亘・武澤永純・内田太郎・西本晴男・土井康弘「2003 年 7 月の梅雨前線豪雨によって発生した九州地方の土石流災害（速報）」p.17, p.18, p.21, 砂防学会誌 Vol.56, 2003 年 9 月

[*4] 高水谷武司・森脇寛・井口隆「主要災害調査第 19 号，1981 年 8 月台風第 15 号による長野県須坂土石流災害調査報告」p.28, 科学技術庁国立防災科学技術センター，1982 年 3 月

[*5] 公益社団法人地盤工学会関西支部編「平成 23 年台風 12 号による地盤災害調査報告書」（第Ⅱ編 奈良県における地盤災害）Ⅱ-22, Ⅱ-27

図93

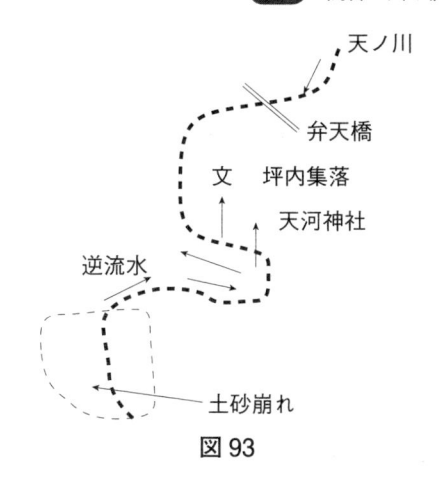

上流の市瀬集落では12戸の家屋，公民館，農地が浸水して甚大な被害が発生しました。

また，2008年6月の岩手・宮城内陸地震により，山頂付近で大規模崩壊により発生した土石流[6]は，川が閉塞されたため，川から約30m高い駒の湯温泉（宮城県）を襲いました。このとき，土石流が下流から逆流してきたそうです。

このような天然ダムが発生した場合，浸水するダム上流およびはん濫による下流を「土砂災害緊急警戒区域」（仮称）に指定して，土砂災害の危険が切迫している際に的確な対応をとる制度的措置[7]が検討されています。

想定外の災害があると，川や沢より高台（山間部）にあっても必ずしも安全とはいえない時代になっています。

---

[6] 地盤工学会「4.4 土石流」(4.4.2 駒の湯温泉を襲った土石流の詳細)
[7] 国土交通省河川局砂防部「特殊な土砂災害等の警戒避難に関する法制度検討会資料」p.54, p.55, 2009年8月6日

<引用・参考文献>
○竹林洋史・藤田正治・宮田秀介・堤大三「2011年9月紀伊半島豪雨災害調査速報」(京都大学防災研究所流域災害研究センター流域災害研究領域・流域圏観測領域)
○池谷浩・松井宗廣・道畑亮一・鈴木拓郎「駒の湯温泉土石流災害に関する一考察」
○羽田野袈裟義・朝位孝二・種浦圭輔・兵動正幸・山本晴彦・鈴木素之「2009年7月中国・九州北部の豪雨による土砂災害発生の報告」(2)石原地区, 山口大学

<参考サイト>
○鳥取県治山砂防課（市瀬地区対策状況について）
　http://www.pref.tottori.lg.jp/66119.htm
○天河神社
　http://www.tenkawa-jinja.or.jp/top/

Q-36 警戒区域・特別警戒区域の調査にあたっての留意事項

警戒区域・特別警戒区域の調査にあたっての留意事項を教えてください。

A (1) 指定図面に注意

　警戒区域・特別警戒区域の指定にあたって留意しなければならないのは，インターネットの表示や警戒区域・特別警戒区域図面を100％信じないことです。

　特に，ネットによる警戒区域・特別警戒区域の範囲は縮尺が大きかったり，正確に表示されていなかったりする場合がありますので，必ず関係機関（土木事務所・建設事務所等）へ行って確認することが必要です。

　以前，警戒区域・特別警戒区域の位置が市町村配布のハザードマップとネット上で合わない事例がありました。

　対象地がハザードマップ上は特別警戒区域にかかりますが，ネット上では30mほどずれて表示されています。再調査（区域調書で確認）しましたら，ネット上の位置が1ブロックずれていることがわかりました。

　また，急斜面が道路を挟んであり，警戒区域は指定されていましたが，特別警戒区域の指定がない土地（図94(A)地）がありました。

　がけに対策施設が全くなく，一部崩れている箇所があったので，不思議に思い，再度役所へ調査に行ったところ，図面上，特別警戒区域の範囲がすっぽり抜けていました。指定数が多量ですので，このようなこともありえます。

図94

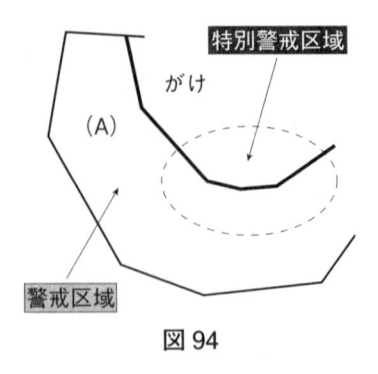

(2) 指定の時期や種類に注意

　自治体によっては，警戒区域の指定を先行して，特別警戒区域の指定は後回しにしている所や，地すべり型の警戒区域・特別警戒区域の指定は後回しにしている所もありますから，物件調査の際は，必ず役所で調査に当たることが必要です。

　また，現在指定されていなくても，土砂災害危険箇所（土石流危険渓流・地すべり危険箇所・急傾斜地崩壊危険箇所）に指定されていますと，将来，土砂法の警戒区域・特別警戒区域に指定される可能性が高いので，基礎調査の段階か，住民説明会を開いたかどうかなども聴いておく必要があります。

　今後は，2014年の土砂法の改正により基礎調査の結果が公表されることになりましたので，調査にはより注意が必要です。

(3) 沢や川の位置や暗渠に注意

　以前，川に近接し，ほぼ平たんな土地の評価（図95）がありました。
　川に近接していましたので，河川保全区域（河川法），浸水想定区域（水防法），砂防指定地（砂防法），風致地区（都市計画法）などの調査はしましたが，ほぼ平たんな土地ですので土砂法の指定はないだろうと思って

Q-36 警戒区域・特別警戒区域の調査にあたっての留意事項　183

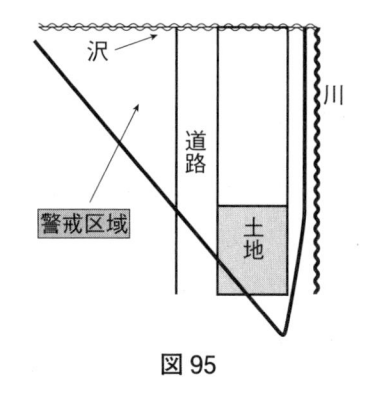

図95

いました。

　ところが，遠くにあった沢に警戒区域の指定があることに気づいてはっとしました。緩やかな傾斜でも盛土や擁壁で造成していると，土地本来の地勢を見失うことがあります。

　また，川や沢の幅が狭かったり，暗渠になっていたりしますと見逃しやすくなります。

　2006年・長野県岡谷市の災害では，斜面を流れる狭い川（大洞沢川・境沢川・若宮川等）が暗渠になっていましたが，増水した水があふれ，小規模な土石流により多くの家屋や農地が浸水しました。

　そして，川幅が狭くても安心できません。たとえば，1998年・土石流[1]が起きた愛媛県三崎町の中ノ川（流域面積0.1㎢）の川幅は1mでも大災害（死者1名・負傷者1名・全壊家屋7戸等）になっていますし，同県双海町の西満野川（流域面積0.08㎢）も川幅は1mでしたが，これも災害（一部損壊2棟・床上下浸水5棟・JR本線10m流出等）となりました。

　2006年・長野県岡谷市で起きた小田井沢は，幅1.2m，深さ1m程度で，

---

[1] （株）米北測量設計事務所「平成10年10月17日台風10号による土石流災害に関する調査」「愛媛県の土石流危険渓流の諸特性値による流出土砂量の算定」pp.86〜93

地元の人はまさか大規模な土石流が来るとは思ってもいませんでした。

(4) 土砂災害危険箇所を調査

　土砂法の指定がなくても土砂災害危険箇所の指定があれば，今後指定される可能性があります。中には，土砂災害危険箇所の指定があるのに警戒区域・特別警戒区域の指定のない箇所があります。どうしてはずされたのか役所での調査が必要でしょう。

　急傾斜地崩壊危険箇所に指定されていたがけがありましたが，警戒区域・特別警戒区域には指定されなかった土地があったので，不動産鑑定評価書には，「土砂災害危険箇所（急傾斜地崩壊危険箇所）に伴う土砂災害リスクあり」と表示したことがあります。

　また，工場の横を流れる傾斜地の沢がありましたが，土石流危険渓流および警戒区域・特別警戒区域の指定はありませんでした。沢を流れる水は勢いよく流れていましたから，指定されていないのを不思議に思ったことがありました。調査の結果，沢や渓流ではなく用水路でした。

(5) 擁壁調査

　各自治体が調査した特別警戒区域の崩壊区域調書には，対策施設の内容が記載されています。

　たとえば，区分（土留・法面保護施設等），工種（擁壁工・蛇かご工等），工種細分（ブロック積擁壁工・L字型擁壁工・もたれ式擁壁工等），施工年月日，延長，高さ，施設効果の有無，斜面の状況（亀裂・滑落崖・崩落跡等）などです。

　擁壁や斜面の状況がどうであったのかを，わかる範囲で調査（建築確認等）することが必要です。

　古い時期に造成（旧宅造法）された住宅団地に高さ4mほどの増積み擁壁（布積みコンクリートブロック造＋建築ブロック造）を設置した土地

がありました。

擁壁に横筋の亀裂や建物の犬走りに幅の大きい亀裂が入っていましたので，危険な擁壁を理由に，評価にあたって大幅に減価（▲20%）しました。

今では禁止されている擁壁を設置している土地は，擁壁の撤去や新たに設置しなければ建物が建築できないことがあります。

過去の震災では，擁壁の種類によって被災した割合[*2]の異なることがわかっています。

たとえば，兵庫県南部地震は，練石積造38%，増積み28%，新潟中越地震は，練石積造38%，コンクリート系32%，新潟中越沖地震はコンクリート系49%，練石積造21%となっています。

特に現在では安全基準を満たしていない増積み，コンクリート系建築ブロック，空石積造などの擁壁は，崩壊率が高いので注意が必要です。

指定にあたって，下部に擁壁が設置されていても，斜面が安定していない場合は特別警戒区域の対策施設としてはみなされませんが，全く擁壁がない場合と比べ一定の崩落を防ぐ効果はありますから，減価率に反映してきます。

(6) 過去の災害を調査

その地域の過去の災害記録を市町村誌，地区史料等で調査することが重要です。小さな沢でも，上流にえん堤や治山ダムがあれば，過去に災害のあった可能性があるからです。

以前，公園に巨石を見かけました。この巨石は甲石（かぶといし）（地表概測幅5 m×2.7 m×高さ1.9 m）と呼ばれ，戦国時代の武将が休憩時に兜を石の上

[*2] 土橋本隆雄・宮島昌克「2007年新潟県中越沖地震における宅地被害分析と今後の宅地対策」p.4, 第30回土木学会地震工学研究発表会論文集

に置いたことに由来があります。町誌には,江戸時代以前,土石流によってこの巨石（周辺に6巨石あり）が運ばれてきたようなことが記載されていました。

　狭い扇状地の土地調査で,地元の人に地盤のことを聞いたことがあります。地元の人は,"この辺は大昔に土石流があったみたいで,畑を掘ると石碑や石がゴロゴロでるよ"と言っていました。昔,扇状地の奥は修験者たちがたくさんいて,明治時代頃までは地元の人が食物をよく持っていったそうです。また,災害地に家を建てようとした際,大小の石がトラック3台分にもなったので,土石流が昔起きたのではないかと業者と話をした記録*3もあります。

　土石流には継続性がありますので,たとえ何百年前でも土石流が起きた所は再び起きる可能性があります。

＜引用・参考文献＞
○三澤勝編集責任者「平成18年7月豪雨災害から復旧復興の記録」p.37, 2008年12月25日,岡谷市新倉区
○長野県岡谷市「忘れまじ豪雨災害」2006年7月豪雨災害の記録,ダイジェスト版
○長野日報「小田井沢川下流水路の拡幅計画」2006年10月17日

---

*3 長野県岡谷市「忘れまじ豪雨災害」p.31, 花岡区中西静子（11.災害を体験して）, 2006年7月豪雨災害の記録,ダイジェスト版

Q-37 土砂法が意図する多重的な規制

土砂法は安全対策が厳しくなっていますが，その理由は何ですか？

A 通常，例外規定として許可不要の仮設建築物の建築に関しても，土砂法は構造規制を要求しています。それに，土砂法は建物の構造規制に加えて，土地開発規制も併せておこなう多重的な規制をしています。これは，国民の生命および身体を保護することを目的とした安全対策がより強化されているためです。

(1) 建 物

土砂法は，対策施設があっても警戒区域では避難体制の整備が図られています。これは，"安全な対策施設"があっても住民の生命，身体を守るという観点から万全ではないため，"いざというとき逃げる"という安全性が強化されている例[1]です。

また，特別警戒区域で戸建分譲開発をする場合，擁壁・法枠工等の対策工事をおこなうほか，特別警戒区域が解除されない限り，木造建物の建築にあたっては外壁強化や防護柵の設置をする必要があります。このように，土砂法の安全対策は二重化されています。

これは，フェール・セーフ[2]（fail-safe；二重安全装置）の考え方に基づいています。フェール・セーフの考え方は，消防法や高圧ガス保安法など危険物施設の構造・設置に応用されています。

---

[1] 枝川眞弓「sabo. vol. 81 jan. 2005」（随想　砂防部にいたときのこと），（財）砂防・地すべり技術センター
[2] 国土交通省河川局水政課・砂防部砂防計画課監修「土砂災害防止法令の解説」p.94

たとえば消防法では，一定規模の屋外タンク貯蔵所に基準があります。この貯蔵所の設置にあたって，タンクの計量装置の設置場所，タンクの厚さ（3.2mm以上）等の構造基準が定められていますが，仮に油類が漏れてもタンクの周囲に防油堤（高さ0.5m以上）を設置する設備基準が定められていて安全対策が二重になっています。

さらに，高圧ガス保安法では，製造所の火災・爆発等による災害が付近の住宅，学校，病院等の保安対象物に対して影響を及ぼさないように，延焼防止および避難の目的により，保安対象物からその製造所の外壁またはこれに相当する工作物の外側までの間に一定の距離を定めています。たとえば，敷地外の住居は10m以上，学校，病院，劇場，公会堂等は30m以上などです。

(2) えん堤

写真32は，えん堤内にある透過部（長野県小谷村）を写したものです。頑丈そうな鋼管フレームが土石流を防いでくれます。

土石流・流木対策施設設計技術指針[*3]に，えん堤の透過部に下記の規定があります。

「透過部の部材は，設計外力に対し安全でなければならない。一部の部材が破損したとしても砂防えん堤全体が崩壊につながらないよう，フェール・セーフの観点から，できるだけ冗長性（リダンダンシー）の高い構造とする。」

つまり，一部の部材が破損しても，他の部材がそれをカバーし，構造全体に致命的な影響が及ぶことがないように部材および鋼材を選定[*4]するように設計されています。ここでもフェール・セーフの考え方が生

[*3] 国土交通省国土技術政策総合研究所「土石流・流木対策施設設計技術指針解説」2.1.4.2 透過部の構造検討(1)構造検討条件

写真32

かされています。

　実務上，対策施設を二重にして住民に安全をアピールする時代になったといえます。

---

*4　(財)砂防・地すべり技術センター砂防技術研究所「sabo.vol.101 jan.2010」(改訂された鋼製砂防構造物設計便覧について)(鋼製透過型砂防えん堤の冗長性(リダンダンシー)について)

おわりに

写真33の正面やや右に見える山は長野県小谷村(おたりむら)にある稗田山です。山をフォークでけずったような地形をしています。

写真33

日本三大崩れの一つに数えられるこの山を初めて見たときから、筆者は土砂災害の研究にのめり込むようになりました。

1911年8月、稗田山の3分の1ほどが大音響を発して突然崩れました。

崩れた土砂は、長さ約1km、高さ300m、容量1億5,000万m³、崩壊面積180ha、崩壊の平均深さは80m[1]にも及びました。

---

[1] 町田洋「荒廃山地における崩壊の規模と反覆性についての一考察―姫川・浦川における過去約50年間の浸食史と1964年～1965年の崩壊・土石流―」pp.34～36、水利科学

この土砂は土石流となって浦川に流れ，途中の人家（23名犠牲）を巻き込み，約 5 km〜6 km 下流の姫川との合流地点にぶつかって，高さ約 60m の天然ダムをつくりました。このとき，土石流は川底から約 70m（推定）高い小山（松が峰）を乗り越えました。災害当時の写真では，この小山は裸山[*2]になっています。ダムの水は 3 日後，4.2km 上流の集落まで達し，43 戸が浸水。その後，河原の高さが 20m（1948 年時）高くなったため，来馬集落は移転（現在地）しました。
　写真 34 は，その小山の上に残る巨石の数々。写真 35 は，落ちる寸前の巨石に何本も木が生えています。筆者は，稗田山そのものよりもこの巨石群をみて土石流の威力を思い知らされました。
　その後も，1912 年〜1962 年の 50 年間に姫川（本流）をせき止めるほどの大規模な土石流が 6 回（1913 年・1922 年・1936 年・1948 年 2 回・1955 年）発生[*3]しています。

写真 34

[*2] 細野繁勝「招魂碑の前に立ちて」1923 年 4 月，尚文社

おわりに 193

写真 35

　この川は，土石流が頻繁に起きるため，えん堤が 16 基（1971 年〜1999 年・2008 年時）つくられています。中でも第 7 号えん堤（2001 年 3 月〜 2003 年 12 月）は，地元業者（今井工務店）の無線遠隔操作により，掘削からコンクリート打設，養生までの一連の作業がおこなわれました。現在，この無線遠隔操作技術が長崎県水無川（普賢岳），鹿児島桜島，福島原子力発電所，北海道樽前山など日本全国で生かされています（今井工務店サイトより）。

　最後に，稗田山登山ガイドの清貞雄氏，稗田山災害の話を聞かせていただいた小谷村石坂集落の小林守氏および来馬集落の猪又紀昌氏，資料収集にご尽力いただいた広島県の不動産鑑定士の中森一吉氏にこの場を借りて感謝の意を表したいと思います。

---

*3 町田洋「姫川流域の一渓流の荒廃とその下流部に与える影響」地理学評論 37(9)，日本地理学会，1964 年

＜引用・参考文献＞
○松本宗順「来馬変遷 38 年史」小谷公民館
○小谷村教育委員会編「小谷民俗誌」
○長野県「長野県砂防史」1992 年
○松本砂防事務所「松本砂防事務所の概要」パンフレット
○宮越英紀「稗田山の巨大崩れ」新砂防，Vol.38, No.2 (139)，1985 年 7 月
○信濃川上流直轄砂防百年史編集委員会「松本砂防のあゆみ－信濃川上流直轄砂防百年史－」1979 年 3 月
○横山又次郎「長野県下南小谷村山崩視察報告」地学雑誌，No.285，1912 年 9 月 15 日
○渡辺昇・小林宏至・桜井亘「姫川支川浦川に発生した大規模土石流について」新砂防 Vol.46, 1993 年
○「信濃毎日新聞」明治 44 年 8 月 9 日～11 日，昭和 40 年 5 月 10 日（中南信版）
○「高田新聞」明治 44 年 8 月 10 日，11 日

＜参考サイト＞
○株式会社今井工務店
　http://imai-1963.jp/

■土砂災害警戒区域等における土砂災害防止対策の推進に関する法律(平成12年5月8日法律第57号・最終改正:平成26年11月19日法律第109号)

第1章　総則

(目的)
第1条　この法律は，土砂災害から国民の生命及び身体を保護するため，土砂災害が発生するおそれがある土地の区域を明らかにし，当該区域における警戒避難体制の整備を図るとともに，著しい土砂災害が発生するおそれがある土地の区域において一定の開発行為を制限し，建築物の構造の規制に関する所要の措置を定めるほか，土砂災害の急迫した危険がある場合において避難に資する情報を提供すること等により，土砂災害の防止のための対策の推進を図り，もって公共の福祉の確保に資することを目的とする。

(定義)
第2条　この法律において「土砂災害」とは，急傾斜地の崩壊(傾斜度が30度以上である土地が崩壊する自然現象をいう。)，土石流(山腹が崩壊して生じた土石等又は渓流の土石等が水と一体となって流下する自然現象をいう。第27条第2項及び第28条第1項において同じ。)若しくは地滑り(土地の一部が地下水等に起因して滑る自然現象又はこれに伴って移動する自然現象をいう。同項において同じ。)(以下「急傾斜地の崩壊等」と総称する。)又は河道閉塞による湛水(土石等が河道を閉塞したことによって水がたまる自然現象をいう。第7条第1項及び第28条第1項において同じ。)を発生原因として国民の生命又は身体に生ずる被害をいう。

第2章　土砂災害防止対策基本指針等

(土砂災害防止対策基本指針)
第3条　国土交通大臣は，土砂災害の防止のための対策の推進に関する基本的な指針(以下「基本指針」という。)を定めなければならない。

2 基本指針においては，次に掲げる事項について定めるものとする。
　一　この法律に基づき行われる土砂災害の防止のための対策に関する基本的な事項
　二　次条第1項の基礎調査の実施について指針となるべき事項
　三　第7条第1項の規定による土砂災害警戒区域の指定及び第9条第1項の規定による土砂災害特別警戒区域の指定について指針となるべき事項
　四　第9条第1項の土砂災害特別警戒区域内の建築物の移転その他この法律に基づき行われる土砂災害の防止のための対策に関し指針となるべき事項
　五　第27条第1項の規定による危険降雨量の設定並びに同項の規定による土砂災害警戒情報の通知及び周知のための必要な措置について指針となるべき事項
　六　第28条第1項及び第29条第1項の緊急調査の実施並びに第31条第1項の規定による土砂災害緊急情報の通知及び周知のための必要な措置について指針となるべき事項
3 国土交通大臣は，基本指針を定めようとするときは，あらかじめ，総務大臣及び農林水産大臣に協議するとともに，社会資本整備審議会の意見を聴かなければならない。
4 国土交通大臣は，基本指針を定めたときは，遅滞なく，これを公表しなければならない。
5 前二項の規定は，基本指針の変更について準用する。

（基礎調査）
第4条　都道府県は，基本指針に基づき，おおむね5年ごとに，第7条第1項の規定による土砂災害警戒区域の指定及び第9条第1項の規定による土砂災害特別警戒区域の指定その他この法律に基づき行われる土砂災害の防止のための対策に必要な基礎調査として，急傾斜地の崩壊等のおそれがある土地に関する地形，地質，降水等の状況及び土砂災害の発生のおそれがある土地の利用の状況その他の事項に関する調査（以下「基礎調査」という。）を行うものとする。
2 都道府県は，基礎調査の結果を，国土交通省令で定めるところにより，関係のある市町村（特別区を含む。以下同じ。）の長に通知するとともに，公表しなければならない。
3 国土交通大臣は，この法律を施行するため必要があると認めるときは，都道府県に対し，基礎調査の結果について必要な報告を求めることができる。

（基礎調査のための土地の立入り等）
第5条　都道府県知事又はその命じた者若しくは委任した者は，基礎調査のためにやむを得ない必要があるときは，その必要な限度において，他人の占有する土地

に立ち入り，又は特別の用途のない他人の土地を作業場として一時使用することができる。
2　前項の規定により他人の占有する土地に立ち入ろうとする者は，あらかじめ，その旨を当該土地の占有者に通知しなければならない。ただし，あらかじめ通知することが困難であるときは，この限りでない。
3　第1項の規定により宅地又は垣，柵等で囲まれた他人の占有する土地に立ち入ろうとする場合においては，その立ち入ろうとする者は，立入りの際，あらかじめ，その旨を当該土地の占有者に告げなければならない。
4　日出前及び日没後においては，土地の占有者の承諾があった場合を除き，前項に規定する土地に立ち入ってはならない。
5　第1項の規定により他人の占有する土地に立ち入ろうとする者は，その身分を示す証明書を携帯し，関係人の請求があったときは，これを提示しなければならない。
6　第1項の規定により特別の用途のない他人の土地を作業場として一時使用しようとする者は，あらかじめ，当該土地の占有者及び所有者に通知して，その意見を聴かなければならない。
7　土地の占有者又は所有者は，正当な理由がない限り，第1項の規定による立入り又は一時使用を拒み，又は妨げてはならない。
8　都道府県は，第1項の規定による立入り又は一時使用により損失を受けた者がある場合においては，その者に対して，通常生ずべき損失を補償しなければならない。
9　前項の規定による損失の補償については，都道府県と損失を受けた者とが協議しなければならない。
10　前項の規定による協議が成立しない場合においては，都道府県は，自己の見積もった金額を損失を受けた者に支払わなければならない。この場合において，当該金額について不服のある者は，政令で定めるところにより，補償金の支払を受けた日から30日以内に，収用委員会に土地収用法（昭和26年法律第219号）第94条第2項の規定による裁決を申請することができる。

（基礎調査に関する是正の要求の方式）
第6条　国土交通大臣は，都道府県の基礎調査に関する事務の処理が法令の規定に違反している場合又は科学的知見に基づかずに行われている場合において，当該基礎調査の結果によったのでは次条第1項の規定による土砂災害警戒区域の指定又は第9条第1項の規定による土砂災害特別警戒区域の指定が著しく適正を欠くこととなり，住民等の生命又は身体に危害が生ずるおそれがあることが明らかであるとして地方自治法（昭和22年法律第67号）第245条の5第1項の規定による求めを行うときは，当該都道府県が講ずべき措置の内容を示して行うものとする。

第3章　土砂災害警戒区域

（土砂災害警戒区域）

第7条　都道府県知事は，基本指針に基づき，急傾斜地の崩壊等が発生した場合には住民等の生命又は身体に危害が生ずるおそれがあると認められる土地の区域で，当該区域における土砂災害（河道閉塞による湛水を発生原因とするものを除く。以下この章，次章及び第27条において同じ。）を防止するために警戒避難体制を特に整備すべき土地の区域として政令で定める基準に該当するものを，土砂災害警戒区域（以下「警戒区域」という。）として指定することができる。

2　前項の規定による指定（以下この条において「指定」という。）は，第2条に規定する土砂災害の発生原因ごとに，指定の区域及びその発生原因となる自然現象の種類を定めてするものとする。

3　都道府県知事は，指定をしようとするときは，あらかじめ，関係のある市町村の長の意見を聴かなければならない。

4　都道府県知事は，指定をするときは，国土交通省令で定めるところにより，その旨並びに指定の区域及び土砂災害の発生原因となる自然現象の種類を公示しなければならない。

5　都道府県知事は，前項の規定による公示をしたときは，速やかに，国土交通省令で定めるところにより，関係のある市町村の長に，同項の規定により公示された事項を記載した図書を送付しなければならない。

6　前三項の規定は，指定の解除について準用する。

（警戒避難体制の整備等）

第8条　市町村防災会議（災害対策基本法（昭和36年法律第223号）第16条第1項の市町村防災会議をいい，これを設置しない市町村にあっては，当該市町村の長とする。次項において同じ。）は，前条第1項の規定による警戒区域の指定があったときは，市町村地域防災計画（同法第42条第1項の市町村地域防災計画をいう。以下この条において同じ。）において，当該警戒区域ごとに，次に掲げる事項について定めるものとする。

　一　土砂災害に関する情報の収集及び伝達並びに予報又は警報の発令及び伝達に関する事項

　二　避難施設その他の避難場所及び避難路その他の避難経路に関する事項

　三　災害対策基本法第48条第1項の防災訓練として市町村長が行う土砂災害に係る避難訓練の実施に関する事項

　四　警戒区域内に，社会福祉施設，学校，医療施設その他の主として防災上の配慮

を要する者が利用する施設であって，急傾斜地の崩壊等が発生するおそれがある場合における当該施設を利用している者の円滑かつ迅速な避難を確保する必要があると認められるものがある場合にあっては，これらの施設の名称及び所在地
　五　救助に関する事項
　六　前各号に掲げるもののほか，警戒区域における土砂災害を防止するために必要な警戒避難体制に関する事項
2　市町村防災会議は，前項の規定により市町村地域防災計画において同項第四号に掲げる事項を定めるときは，当該市町村地域防災計画において，急傾斜地の崩壊等が発生するおそれがある場合における同号に規定する施設を利用している者の円滑かつ迅速な避難を確保するため，同項第一号に掲げる事項として土砂災害に関する情報，予報及び警報の伝達に関する事項を定めるものとする。
3　警戒区域をその区域に含む市町村の長は，市町村地域防災計画に基づき，国土交通省令で定めるところにより，土砂災害に関する情報の伝達方法，急傾斜地の崩壊等が発生するおそれがある場合における避難施設その他の避難場所及び避難路その他の避難経路に関する事項その他警戒区域における円滑な警戒避難を確保する上で必要な事項を住民等に周知させるため，これらの事項を記載した印刷物の配布その他の必要な措置を講じなければならない。

第4章　土砂災害特別警戒区域

（土砂災害特別警戒区域）
第9条　都道府県知事は，基本指針に基づき，警戒区域のうち，急傾斜地の崩壊等が発生した場合には建築物に損壊が生じ住民等の生命又は身体に著しい危害が生ずるおそれがあると認められる土地の区域で，一定の開発行為の制限及び居室（建築基準法（昭和25年法律第201号）第2条第四号に規定する居室をいう。以下同じ。）を有する建築物の構造の規制をすべき土地の区域として政令で定める基準に該当するものを，土砂災害特別警戒区域（以下「特別警戒区域」という。）として指定することができる。
2　前項の規定による指定（以下この条において「指定」という。）は，第2条に規定する土砂災害の発生原因ごとに，指定の区域並びにその発生原因となる自然現象の種類及び当該自然現象により建築物に作用すると想定される衝撃に関する事項（土砂災害の発生を防止するために行う建築物の構造の規制に必要な事項として政令で定めるものに限る。）を定めてするものとする。
3　都道府県知事は，指定をしようとするときは，あらかじめ，関係のある市町村の長の意見を聴かなければならない。
4　都道府県知事は，指定をするときは，国土交通省令で定めるところにより，その

旨並びに指定の区域，土砂災害の発生原因となる自然現象の種類及び第2項の政令で定める事項を公示しなければならない。
5　都道府県知事は，前項の規定による公示をしたときは，速やかに，国土交通省令で定めるところにより，関係のある市町村の長に，同項の規定により公示された事項を記載した図書を送付しなければならない。
6　指定は，第4項の規定による公示によってその効力を生ずる。
7　関係のある市町村の長は，第5項の図書を当該市町村の事務所において，一般の縦覧に供しなければならない。
8　都道府県知事は，土砂災害の防止に関する工事の実施等により，特別警戒区域の全部又は一部について指定の事由がなくなったと認めるときは，当該特別警戒区域の全部又は一部について指定を解除するものとする。
9　第3項から第6項までの規定は，前項の規定による解除について準用する。

（特定開発行為の制限）
第10条　特別警戒区域内において，都市計画法（昭和43年法律第100号）第4条第12項に規定する開発行為で当該開発行為をする土地の区域内において建築が予定されている建築物（当該区域が特別警戒区域の内外にわたる場合においては，特別警戒区域外において建築が予定されている建築物を除く。以下「予定建築物」という。）の用途が制限用途であるもの（以下「特定開発行為」という。）をしようとする者は，あらかじめ，都道府県知事の許可を受けなければならない。ただし，非常災害のために必要な応急措置として行う行為その他の政令で定める行為については，この限りでない。
2　前項の制限用途とは，予定建築物の用途で，住宅（自己の居住の用に供するものを除く。）並びに高齢者，障害者，乳幼児その他の特に防災上の配慮を要する者が利用する社会福祉施設，学校及び医療施設（政令で定めるものに限る。）以外の用途でないものをいう。

（申請の手続）
第11条　前条第1項の許可を受けようとする者は，国土交通省令で定めるところにより，次に掲げる事項を記載した申請書を提出しなければならない。
一　特定開発行為をする土地の区域（第14条第2項及び第19条において「開発区域」という。）の位置，区域及び規模
二　予定建築物（前条第1項の制限用途のものに限る。以下「特定予定建築物」という。）の用途及びその敷地の位置
三　特定予定建築物における土砂災害を防止するため自ら施行しようとする工事

（次号において「対策工事」という。）の計画
四　対策工事以外の特定開発行為に関する工事の計画
五　その他国土交通省令で定める事項
2　前項の申請書には，国土交通省令で定める図書を添付しなければならない。

（許可の基準）
第12条　都道府県知事は，第10条第1項の許可の申請があったときは，前条第1項第三号及び第四号に規定する工事（以下「対策工事等」という。）の計画が，特定予定建築物における土砂災害を防止するために必要な措置を政令で定める技術的基準に従い講じたものであり，かつ，その申請の手続がこの法律又はこの法律に基づく命令の規定に違反していないと認めるときは，その許可をしなければならない。

（許可の条件）
第13条　都道府県知事は，第10条第1項の許可に，対策工事等の施行に伴う災害を防止するために必要な条件を付することができる。

（既着手の場合の届出等）
第14条　第9条第1項の規定による特別警戒区域の指定の際当該特別警戒区域内において既に特定開発行為（第9条第1項ただし書の政令で定める行為を除く。）に着手している者は，その指定の日から起算して21日以内に，国土交通省令で定めるところにより，その旨を都道府県知事に届け出なければならない。
2　都道府県知事は，前項の規定による届出があった場合において，当該届出に係る開発区域（特別警戒区域内のものに限る。）における土砂災害を防止するために必要があると認めるときは，当該届出をした者に対して，予定建築物の用途の変更その他の必要な助言又は勧告をすることができる。

（許可の特例）
第15条　国又は地方公共団体が行う特定開発行為については，国又は地方公共団体と都道府県知事との協議が成立することをもって第10条第1項の許可を受けたものとみなす。

（許可又は不許可の通知）
第16条　都道府県知事は，第10条第1項の許可の申請があったときは，遅滞なく，許可又は不許可の処分をしなければならない。

2　前項の処分をするには，文書をもって当該申請をした者に通知しなければならない．

（変更の許可等）

第17条　第10条第1項の許可（この項の規定による許可を含む．）を受けた者は，第11条第1項第二号から第四号までに掲げる事項の変更をしようとする場合においては，都道府県知事の許可を受けなければならない．ただし，変更後の予定建築物の用途が第10条第1項の制限用途以外のものであるとき，又は国土交通省令で定める軽微な変更をしようとするときは，この限りでない．

2　前項の許可を受けようとする者は，国土交通省令で定める事項を記載した申請書を都道府県知事に提出しなければならない．

3　第10条第1項の許可を受けた者は，第1項ただし書に該当する変更をしたときは，遅滞なく，その旨を都道府県知事に届け出なければならない．

4　第12条，第13条及び前二条の規定は，第1項の許可について準用する．

5　第1項の許可又は第3項の規定による届出の場合における次条から第20条までの規定の適用については，第1項の許可又は第3項の規定による届出に係る変更後の内容を第10条第1項の許可の内容とみなす．

（工事完了の検査等）

第18条　第10条第1項の許可を受けた者は，当該許可に係る対策工事等の全てを完了したときは，国土交通省令で定めるところにより，その旨を都道府県知事に届け出なければならない．

2　都道府県知事は，前項の規定による届出があったときは，遅滞なく，当該対策工事等が第12条の政令で定める技術的基準に適合しているかどうかについて検査し，その検査の結果当該対策工事等が当該政令で定める技術的基準に適合していると認めたときは，国土交通省令で定める様式の検査済証を当該届出をした者に交付しなければならない．

3　都道府県知事は，前項の規定により検査済証を交付したときは，遅滞なく，国土交通省令で定めるところにより，当該対策工事等が完了した旨を公告しなければならない．

（建築制限）

第19条　第10条第1項の許可を受けた開発区域（特別警戒区域内のものに限る．）内の土地においては，前条第3項の規定による公告があるまでの間は，第10条第1項の制限用途の建築物を建築してはならない．

（特定開発行為の廃止）
第20条　第10条第1項の許可を受けた者は，当該許可に係る対策工事等を廃止したときは，遅滞なく，国土交通省令で定めるところにより，その旨を都道府県知事に届け出なければならない。

（監督処分）
第21条　都道府県知事は，次の各号のいずれかに該当する者に対して，特定予定建築物における土砂災害を防止するために必要な限度において，第10条第1項若しくは第17条第1項の許可を取り消し，若しくはその許可に付した条件を変更し，又は工事その他の行為の停止を命じ，若しくは相当の期限を定めて必要な措置をとることを命ずることができる。
　一　第10条第1項又は第17条第1項の規定に違反して，特定開発行為をした者
　二　第10条第1項又は第17条第1項の許可に付した条件に違反した者
　三　特別警戒区域で行われる又は行われた特定開発行為（当該特別警戒区域の指定の際当該特別警戒区域内において既に着手している行為を除く。）であって，特定予定建築物の土砂災害を防止するために必要な措置を第12条の政令で定める技術的基準に従って講じていないものに関する工事の注文主若しくは請負人（請負工事の下請人を含む。）又は請負契約によらないで自らその工事をしている者若しくはした者
　四　詐欺その他不正な手段により第10条第1項又は第17条第1項の許可を受けた者
2　前項の規定により必要な措置をとることを命じようとする場合において，過失がなくて当該措置を命ずべき者を確知することができないときは，都道府県知事は，その者の負担において，当該措置を自ら行い，又はその命じた者若しくは委任した者にこれを行わせることができる。この場合においては，相当の期限を定めて，当該措置を行うべき旨及びその期限までに当該措置を行わないときは，都道府県知事又はその命じた者若しくは委任した者が当該措置を行う旨を，あらかじめ，公告しなければならない。
3　都道府県知事は，第1項の規定による命令をした場合においては，標識の設置その他国土交通省令で定める方法により，その旨を公示しなければならない。
4　前項の標識は，第1項の規定による命令に係る土地又は建築物若しくは建築物の敷地内に設置することができる。この場合においては，同項の規定による命令に係る土地又は建築物若しくは建築物の敷地の所有者，管理者又は占有者は，当該標識の設置を拒み，又は妨げてはならない。

(立入検査)
第22条　都道府県知事又はその命じた者若しくは委任した者は、第10条第1項、第17条第1項、第18条第2項、第19条又は前条第1項の規定による権限を行うため必要がある場合においては、当該土地に立ち入り、当該土地又は当該土地において行われている対策工事等の状況を検査することができる。
2　第5条第5項の規定は、前項の場合について準用する。
3　第1項の規定による立入検査の権限は、犯罪捜査のために認められたものと解してはならない。

(報告の徴収等)
第23条　都道府県知事は、第10条第1項又は第17条第1項の許可を受けた者に対し、当該許可に係る土地若しくは当該許可に係る対策工事等の状況について報告若しくは資料の提出を求め、又は当該土地における土砂災害を防止するために必要な助言若しくは勧告をすることができる。

(特別警戒区域内における居室を有する建築物の構造耐力に関する基準)
第24条　特別警戒区域における土砂災害の発生を防止するため、建築基準法第20条に基づく政令においては、居室を有する建築物の構造が当該土砂災害の発生原因となる自然現象により建築物に作用すると想定される衝撃に対して安全なものとなるよう建築物の構造耐力に関する基準を定めるものとする。

(特別警戒区域内における居室を有する建築物に対する建築基準法の適用)
第25条　特別警戒区域(建築基準法第6条第1項第四号に規定する区域を除く。)内における居室を有する建築物(同項第一号 から第三号 までに掲げるものを除く。)については、同項第四号 の規定に基づき都道府県知事が関係市町村の意見を聴いて指定する区域内における建築物とみなして、同法第6条 から第7条の5まで、第18条、第89条、第91条及び第93条の規定(これらの規定に係る罰則を含む。)を適用する。

(移転等の勧告)
第26条　都道府県知事は、急傾斜地の崩壊等が発生した場合には特別警戒区域内に存する居室を有する建築物に損壊が生じ、住民等の生命又は身体に著しい危害が生ずるおそれが大きいと認めるときは、当該建築物の所有者、管理者又は占有者に対し、当該建築物の移転その他土砂災害を防止し、又は軽減するために必要な措置をとることを勧告することができる。

2　都道府県知事は，前項の規定による勧告をした場合において，必要があると認めるときは，その勧告を受けた者に対し，土地の取得についてのあっせんその他の必要な措置を講ずるよう努めなければならない。

第5章　避難に資する情報の提供等

（土砂災害警戒情報の提供）
第27条　都道府県知事は，基本指針に基づき，当該都道府県の区域を分けて定める区域ごとに，土砂災害の急迫した危険が予想される降雨量（以下この条において「危険降雨量」という。）を設定し，当該区域に係る降雨量が危険降雨量に達したときは，災害対策基本法第60条第1項の規定による避難のための立退きの勧告又は指示の判断に資するため，土砂災害の発生を警戒すべき旨の情報（次項において「土砂災害警戒情報」という。）を関係のある市町村の長に通知するとともに，一般に周知させるため必要な措置を講じなければならない。
2　前項の規定による土砂災害警戒情報の通知及び周知のための必要な措置は，その区域に係る降雨量が危険降雨量に達した区域（以下この項において「危険降雨量区域」という。）のほか，その周辺の区域のうち土砂災害が発生するおそれがあると認められるもの（危険降雨量区域において土石流が発生した場合には，当該土石流が到達し，土砂災害が発生するおそれがあると認められる区域を含む。）を明らかにしてするものとする。

（都道府県知事が行う緊急調査）
第28条　都道府県知事は，土石流，地滑り又は河道閉塞による湛水を発生原因とする重大な土砂災害の急迫した危険が予想されるものとして政令で定める状況があると認めるときは，基本指針に基づき，これらの自然現象を発生原因とする重大な土砂災害が想定される土地の区域及び時期を明らかにするため必要な調査（以下「緊急調査」という。）を行うものとする。ただし，次条第1項の規定により国土交通大臣が緊急調査を行う場合は，この限りでない。
2　都道府県知事は，緊急調査の結果，基本指針に基づき，前項の重大な土砂災害の危険がないと認めるとき，又はその危険が急迫したものでないと認めるときは，当該緊急調査を終了することができる。

（国土交通大臣が行う緊急調査）
第29条　国土交通大臣は，前条第1項の政令で定める状況があると認める場合であって，当該土砂災害の発生原因である自然現象が緊急調査を行うために特に高度な専門的知識及び技術を要するものとして政令で定めるものであるときは，基本指

針に基づき，緊急調査を行うものとする。
2　国土交通大臣は，前項の規定により緊急調査を行おうとするときは，あらかじめ，緊急調査を行おうとする土地の区域を管轄する都道府県知事にその旨を通知しなければならない。次項において準用する前条第2項の規定により緊急調査を終了しようとするときも，同様とする。
3　前条第2項の規定は，国土交通大臣が行う緊急調査について準用する。

（緊急調査のための土地の立入り等）
第30条　都道府県知事若しくは国土交通大臣又はこれらの命じた者若しくは委任した者は，緊急調査のためにやむを得ない必要があるときは，これらの必要な限度において，他人の占有する土地に立ち入り，又は特別の用途のない他人の土地を作業場として一時使用することができる。
2　第5条（第1項及び第4項を除く。）の規定は，前項の規定による立入り及び一時使用について準用する。この場合において，同条第8項から第10項までの規定中「都道府県」とあるのは，「都道府県又は国」と読み替えるものとする。

（土砂災害緊急情報の通知及び周知等）
第31条　都道府県知事又は国土交通大臣は，緊急調査の結果，基本指針に基づき，第28条第1項に規定する自然現象の発生により一定の土地の区域において重大な土砂災害の急迫した危険があると認めるとき，又は当該土砂災害が想定される土地の区域若しくは時期が明らかに変化したと認めるときは，災害対策基本法第60条第1項及び第6項の規定による避難のための立退きの勧告又は指示の判断に資するため，当該緊急調査により得られた当該土砂災害が想定される土地の区域及び時期に関する情報（次項において「土砂災害緊急情報」という。）を，都道府県知事にあっては関係のある市町村の長に，国土交通大臣にあっては関係のある都道府県及び市町村の長に通知するとともに，一般に周知させるため必要な措置を講じなければならない。
2　都道府県知事又は国土交通大臣は，土砂災害緊急情報のほか，緊急調査により得られた情報を，都道府県知事にあっては関係のある市町村の長に，国土交通大臣にあっては関係のある都道府県及び市町村の長に随時提供するよう努めるものとする。

（避難のための立退きの指示等の解除に関する助言）
第32条　市町村長は，災害対策基本法第60条第1項の規定による避難のための立退きの勧告又は指示（土砂災害が発生し，又は発生するおそれがある場合におけ

るものに限る。）を解除しようとする場合において，必要があると認めるときは，国土交通大臣又は都道府県知事に対し，当該解除に関する事項について，助言を求めることができる。この場合において，助言を求められた国土交通大臣又は都道府県知事は，必要な助言をするものとする。

第6章 雑則

（費用の補助）
第33条 国は，都道府県に対し，予算の範囲内において，政令で定めるところにより，基礎調査に要する費用の一部を補助することができる。

（資金の確保等）
第34条 国及び都道府県は，第26条第1項の規定による勧告に基づく建築物の移転等が円滑に行われるために必要な資金の確保，融通又はそのあっせんに努めるものとする。

（緊急時の指示）
第35条 国土交通大臣は，土砂災害が発生し，又は発生するおそれがあると認められる場合において，土砂災害を防止し，又は軽減するため緊急の必要があると認められるときは，都道府県知事に対し，この法律の規定により都道府県知事が行う事務のうち政令で定めるものに関し，必要な指示をすることができる。

（地方公共団体への援助）
第36条 国土交通大臣は，第31条第2項に規定するもののほか，第7条第1項の規定による警戒区域の指定及び第9条第1項の規定による特別警戒区域の指定その他この法律に基づく都道府県及び市町村が行う事務が適正かつ円滑に行われるよう，都道府県及び市町村に対する必要な助言，情報の提供その他の援助を行うよう努めなければならない。

（権限の委任）
第37条 この法律に規定する国土交通大臣の権限は，国土交通省令で定めるところにより，その一部を地方整備局長又は北海道開発局長に委任することができる。

第7章 罰則

第38条 次の各号のいずれかに該当する者は，1年以下の懲役又は50万円以下の罰金に処する。

一　第10条第1項又は第17条第1項の規定に違反して，特定開発行為をした者
　二　第19条の規定に違反して，第10条第1項の制限用途の建築物を建築した者
　三　第21条第1項の規定による都道府県知事の命令に違反した者

第39条　次の各号のいずれかに該当する者は，6月以下の懲役又は30万円以下の罰金に処する。
　一　第5条第7項（第30条第2項において準用する場合を含む。）の規定に違反して，土地の立入り又は一時使用を拒み，又は妨げた者
　二　第22条第1項の規定による立入検査を拒み，妨げ，又は忌避した者

第40条　第23条の規定による報告又は資料の提出を求められて，報告若しくは資料を提出せず，又は虚偽の報告若しくは資料の提出をした者は，20万円以下の罰金に処する。

第41条　法人の代表者又は法人若しくは人の代理人，使用人その他の従業者が，その法人又は人の業務又は財産に関し，前三条の違反行為をしたときは，行為者を罰するほか，その法人又は人に対しても各本条の罰金刑を科する。

第42条　第14条第1項，第17条第3項又は第20条の規定に違反して，届出をせず，又は虚偽の届出をした者は，20万円以下の過料に処する。

　　附　則（平成26年11月19日法律第109号）（抄）

（施行期日）
第1条　この法律は，公布の日から起算して2月を超えない範囲内において政令で定める日（平成27年1月18日）から施行する。

（経過措置）
第2条　この法律による改正後の土砂災害警戒区域等における土砂災害防止対策の推進に関する法律（次項において「新法」という。）第4条第2項の規定は，この法律の施行前に行われた基礎調査の結果についても，適用する。
2　新法第8条の規定は，この法律の施行の際現にこの法律による改正前の土砂災害警戒区域等における土砂災害防止対策の推進に関する法律第6条第1項の規定により指定されている警戒区域についても，適用する。この場合において，新法第8条第1項中「前条第1項の規定による警戒区域の指定があったときは」とあるのは

「土砂災害警戒区域等における土砂災害防止対策の推進に関する法律の一部を改正する法律（平成26年法律第109号。以下この項において「改正法」という。）の施行後速やかに」と，「同法」とあるのは「災害対策基本法」と，「当該警戒区域」とあるのは「改正法の施行の際現に改正法による改正前の土砂災害警戒区域等における土砂災害防止対策の推進に関する法律第6条第1項の規定により指定されている警戒区域（以下この条において単に「警戒区域」という。）」とする。

（政令への委任）
第3条　前条に定めるもののほか，この法律の施行に関し必要な経過措置は，政令で定める。

▶全国における土砂災害警戒区域等の指定状況

(国土交通省・2014 年 12 月 31 日現在)

都道府県	土石流 土砂災害警戒区域	うち土砂災害特別警戒区域	急傾斜地の崩壊 土砂災害警戒区域	うち土砂災害特別警戒区域	地滑り 土砂災害警戒区域	うち土砂災害特別警戒区域	計 土砂災害警戒区域	うち土砂災害特別警戒区域
北海道	402	196	1,177	1,107	0	0	1,579	1,303
青森県	1,155	742	2,792	2,613	84	0	4,031	3,355
岩手県	1,645	1,377	1,672	1,636	0	0	3,317	3,013
宮城県	772	661	693	677	18	0	1,483	1,338
秋田県	825	309	799	374	0	0	1,624	683
山形県	2,080	1,311	1,975	1,910	481	0	4,536	3,221
福島県	1,217	818	1,122	1,104	40	0	2,379	1,922
茨城県	706	598	1,564	1,503	22	0	2,292	2,101
栃木県	3,249	2,685	3,342	3,309	94	0	6,685	5,994
群馬県	2,826	2,311	5,799	5,717	342	0	8,967	8,028
埼玉県	1,070	834	2,153	1,698	17	0	3,240	2,532
千葉県	0	0	2,730	2,680	0	0	2,730	2,680
東京都	1,379	843	5,595	3,143	19	0	6,993	3,986
神奈川県	915	616	6,143	67	0	0	7,058	683
山梨県	2,441	1,794	4,359	4,255	289	0	7,089	6,049
長野県	6,258	5,164	16,052	13,468	427	0	22,737	18,632
新潟県	3,431	1,776	3,490	3,136	761	0	7,682	4,912
富山県	1,383	886	2,843	2,781	657	1	4,883	3,668
石川県	1,885	1,556	1,836	1,792	390	0	4,111	3,348
岐阜県	6,491	5,339	8,424	8,394	96	0	15,011	13,733
静岡県	3,007	1,712	7,168	5,807	0	0	10,175	7,519
愛知県	1,768	1,350	4,145	3,947	1	0	5,914	5,297
三重県	1,499	1,225	2,399	2,331	0	0	3,898	3,556
福井県	4,525	3,412	7,003	6,072	132	0	11,660	9,484
滋賀県	1,577	833	2,050	1,705	0	0	3,627	2,538
京都府	5,014	3,284	7,130	7,024	23	0	12,167	10,308
大阪府	723	489	3,037	1,897	0	0	3,760	2,386
兵庫県	6,868	1	13,326	45	207	0	20,401	46
奈良県	2,775	9	5,073	30	40	0	7,888	39
和歌山県	1,815	898	3,973	2,310	139	0	5,927	3,208
鳥取県	2,596	1,448	3,432	2,665	110	0	6,138	4,113
島根県	13,191	240	18,211	672	621	0	32,023	912
岡山県	5,382	165	4,513	155	12	0	9,907	320
広島県	4,620	3,825	7,429	7,147	2	0	12,051	10,972
山口県	9,801	2,942	14,550	4,086	328	0	24,679	7,028
徳島県	803	637	2,079	2,032	26	0	2,908	2,669
香川県	2,279	1,326	3,480	2,973	0	0	5,759	4,299
愛媛県	1,700	1,465	566	565	0	0	2,266	2,030
高知県	2,239	6	5,138	68	0	0	7,377	74
福岡県	5,176	4,677	12,172	11,351	205	0	17,553	16,028
佐賀県	983	697	2,240	1,802	0	0	3,223	2,499
長崎県	1,539	1,432	8,652	8,233	0	0	10,191	9,665
熊本県	2,229	1,726	5,702	5,613	0	0	7,931	7,339
大分県	1,359	1,085	2,693	2,647	0	0	4,052	3,732
宮崎県	858	379	2,172	1,440	7	0	3,037	1,819
鹿児島県	4,337	1,706	9,312	3,866	0	0	13,649	5,572
沖縄県	128	0	683	0	56	0	867	0
合計	128,921	66,785	232,888	147,847	5,646	1	367,455	214,633

《索　引》

【ア行】

一律補正　74
岩手・宮城内陸地震　39, 179
上田南川　45
受け盤　17
えん堤　111
小田井沢　55, 183
小谷村蒲原沢　44

【カ行】

がけ条例　134
がけ地近接等危険住宅移転補助事業　153
がけ地条例　15
がけ地補正率を準用　124
がけ崩れの斜面上の位置　162
がけ崩れの統計資料　19
がけ崩れ災害の実態　121
川の流路が変わる　34
間地ブロック造擁壁　28
危険性が急浮上　107
急傾斜地崩壊危険箇所　107
急傾斜地崩壊危険区域　28

急傾斜地崩壊防止の技術的基準　120
旧住宅地造成事業　25
橋脚のない橋　50
首振り　45
警戒区域の重複　89
警戒区域外　51
減価補正率　74
勾配2度　9
高速化　43
固定資産評価の路線価　102
固定資産評価事務取扱要領　98

【サ行】

災害が発生する危険性　108
災害危険区域　153
裁決事例　110
最小補正率　98
最大減価補正率　93
砂防指定地　117
雑種地　97
市街地宅地評価法　98
舌状　32
白田切川　7

斜面の勾配　163
斜面の方位　162
重力式コンクリート擁壁　22
所要の補正　97
浸水想定区域　146
浸水想定区域外が浸水　146
人工地盤　148
水防法　146
その他の宅地評価法　98
想定外の土砂　48

天然ダム　42
遠山川　35
特別警戒区域の指定が解除　111
土砂災害危険箇所　2，107
土砂災害緊急警戒区域　179
土石流が起きる間隔　1
土石流の直進性　7
土石流危険渓流　2，107
土地評価基準　98

【タ　行】

ため池　174
ため池条例　175
耐震性のない擁壁　127
宅地造成工事規制区域　126
宅地造成等規制法　126
宅地比準土地　97
建物の構造規制　57
建物の構造強化　57
地すべり危険箇所　107
地すべり地形　40
地すべり防止区域　31
地区計画　76
治山ダム　111
中越沖地震　39
長大斜面　14，26
剣川　45，56
デッキプレート　148

【ナ　行】

中ノ川　183
流れ盤　17
梨子沢　47
新潟県中越沖地震　20，22
新潟県中越地震　39
西満野川　183
能登半島地震　39

【ハ　行】

針原川　49
阪神・淡路大震災　123
フェール・セール　187
船石川　44
不連続　120
平均避難率　158
補助金　59
崩壊の高さ　163
崩壊の深さ　165

崩壊の幅　　165
防護柵　　58
崩土の到達距離　　163, 164
崩土の到達距離÷崩壊の高さ
　164

【ヤ・ラ行】

遊水地　　149

流域面積　　145
緑地率　　77

0字谷　　2
1字谷　　2

■著者紹介

内藤　武美（ないとう　たけみ）

1961 年　長野県木島平村生まれ
1991 年　不動産鑑定士登録
1987 年～1993 年　大河内不動産鑑定事務所（東京都）勤務
1993 年 12 月　内藤事務所（長野市）設立
現　在　内藤事務所有限会社　代表取締役

《最近の主要論文（土砂災害関連)》
「土砂災害防止法と鑑定評価上の留意点（上）（下）」Evaluation, No.26, 27, プログレス, 2007 年
「水害リスクと土地建物価格との関連（1）（2）（完）」Evaluation, No.34 ～ 36, プログレス, 2009 年, 2010 年
「土砂災害危険箇所の確認について」Evaluation, No.38, プログレス, 2010 年
「造成宅地の被災と土地価格との関連」Evaluation, No.42, プログレス, 2011 年
「土砂災害リスクへの対応と固定資産評価における警戒・特別警戒区域の補正率について」Evaluation, No.45, プログレス, 2012 年
「建築制限を受ける土地の『所要の補正』について～風致地区・土砂災害特別警戒区域・急傾斜地崩壊危険区域・建築困難～」資産評価情報, 2014 年 5 月号, 資産評価システム研究センター

【Q＆A】土砂災害と土地評価
―― 警戒区域・特別警戒区域の減価率の算定法　　ISBN978-4-905366-42-3　C3032

2015 年 4 月 10 日　印刷
2015 年 4 月 20 日　発行

著　者　内藤　武美 ©

発行者　野々内邦夫

発行所　株式会社プログレス
　　　　〒 160-0022　東京都新宿区新宿 1-12-12
　　　　電話 03(3341)6573　FAX03(3341)6937
　　　　http://www.progres-net.co.jp　e-mail: info@progres-net.co.jp

＊落丁本・乱丁本はお取り替えいたします。　　　　　　　　　　モリモト印刷株式会社

本書のコピー、スキャン、デジタル化等の無断複製は著作権法上での例外を除き禁じられています。本書を代行業者等の第三者に依頼してスキャンやデジタル化することは、たとえ個人や会社内での利用でも著作権法違反です。

PROGRES プログレス

＊各図書の詳細な目次は、http://www.progres-net.co.jp よりご覧いただけます。

不動産がもっと好きになる本
●不動産学入門
森島義博（不動産鑑定士）　■本体価格2,400円＋税

Q&A 借地権の税務
●借地の法律と税金がわかる本
鵜野和夫（税理士・不動産鑑定士）　■本体価格2,600円＋税

都市の空閑地・空き家を考える
浅見泰司（東京大学大学院教授）　■本体価格2,700円＋税

【日本図書館協会選定図書】
[検証]大深度地下使用法
●リニア新幹線は、本当に開通できるのか!?
平松弘光（島根県立大学名誉教授）　■本体価格3,000円＋税

建物利用と判例
●判例から読み取る調査上の留意点
黒沢 泰（不動産鑑定士）　■本体価格4,400円＋税

土地利用と判例
●判例から読み取る調査上の留意点
黒沢 泰（不動産鑑定士）　■本体価格4,000円＋税

工場財団の鑑定評価
黒沢 泰（不動産鑑定士）　■本体価格3,600円＋税

▶実例でわかる◀
特殊な画地・権利と物件調査のすすめ方
黒沢 泰（不動産鑑定士）　■本体価格3,800円＋税

不動産私法の現代的課題
松田佳久（創価大学法学部教授）　■本体価格4,000円＋税

定期借地権活用のすすめ
●契約書の作り方・税金対策から事業プランニングまで
定期借地権推進協議会　■本体価格2,600円＋税

土壌汚染リスクと土地取引
●リスクコミュニケーションの考え方と実務対応
丸茂克美／本間 勝／澤地塔一郎　■本体価格3,200円＋税

▶不動産取引における◀
心理的瑕疵の裁判例と評価
●自殺・孤独死等によって、不動産の価値はどれだけ下がるか？
宮崎裕二（弁護士）／仲嶋 保（不動産鑑定士）
難波里美（不動産鑑定士）／高島 博（不動産鑑定士）　■本体価格2,000円＋税

土壌汚染をめぐる重要裁判例と実務対策
●土壌汚染地の売買契約条文と調査・処理の実際
宮崎裕二（弁護士）／森島義博（不動産鑑定士）／八巻 淳（技術士）　■本体価格3,000円＋税

▶起業者と地権者のための◀
用地買収と損失補償の実務
●土地・建物等および営業その他の補償実務のポイント118
廣瀬千晃（不動産鑑定士）　■本体価格4,000円＋税

▶不動産投資のための◀
ファイナンス入門
前川俊一（明海大学不動産学部教授）　■本体価格3,300円＋税

マンション再生
●経験豊富な実務家による大規模修繕・改修と建替えの実践的アドバイス
大木祐悟（旭化成不動産レジデンス㈱マンション建替え研究所）　■本体価格2,800円＋税

Q&A ▶不動産投資における◀ 収益還元法の実務
●計算問題でマスターする収益価格の求め方
高瀬博司（不動産鑑定士）　■本体価格3,800円＋税

不動産の鑑定評価がもっとよくわかる本
●「不動産鑑定評価書」を理解し、役立てるために
鵜野和夫（税理士・不動産鑑定士）　■本体価格2,600円＋税

[実践]不動産評価マニュアル
●不動産コンサルティングのための上手な価格査定のすすめ方
藤田浩文（不動産鑑定士）　■本体価格2,500円＋税

賃料[地代・家賃]評価の実際
田原拓治（不動産鑑定士）　■本体価格4,200円＋税